अहंकार

अहंकार

चरण सिंह गुप्ता

KALPAZ

अहंकार

ISBN : 978-93-5128-224-2

मूल्य: 180/-

भारत सन् 2017 में प्रकाशित
कल्पाज पब्लिकेशन
5, अंसारी रोड, दरियागंज,
नई दिल्ली-110002
Phone : 9811692060
ई-मेल: gennext@hotmail.com

मुद्रित: जी. प्रिंट प्रोसेस, दिल्ली

विषय-सूची

अहंकार (उपन्यास)

मेरी पत्नी एवम् उनकी सहेली पुष्पांजली को समर्पित जिनके निश्छल आपसी प्रेमभाव से प्रभावित होकर मैंने उस अनजान ब्राह्मण परिवार की सहायतार्थ कदम बढ़ाए और यह उपन्यास लिखने की प्रेरणा मिली।

भूमिका

अनादिकाल से वर्तमान काल तक न जाने कितनी रचनाएँ मसलन वेद, उपनिषद, महापुराण, पुराण, श्लोक, काव्य, उपन्यास, गद्य, चौपाईयां तथा कहानियाँ समय-समय पर अपने युग का प्रतिनिधित्व करती रही हैं। इनके लिए बाल्मिकी, सूरदास, कबीर, रविन्द्रनाथ टैगोर, हरिवंशराय बच्चन, मैथिलीशरण गुप्त, मुंशी प्रेमचंद, महादेवी वर्मा इत्यादि अग्रणी पंक्ति के रचनाकार हुए हैं गद्य साहित्य में मनोरंजक एवं ज्ञानवर्धक कहानियों के बाद उपन्यासों को हमेशा सराहा गया है।

एक रचनाकार अपने सोच-विचार, स्मृतियों एवं कल्पना से अपने इर्द-गिर्द हो रही घटनाओं को जीवन्तता प्रदान करता है। सृष्टि के साथ-साथ मनुष्यों द्वारा बनाए गए नियमों एवं कारनामों को एक रचनाकार, अपनी कल्पना के माध्यम से, कविता, उपन्यास या कहानियों का रूप देकर समाज के साहित्य को उजागर करने का प्रयास करता है। विश्व की समस्त भाषाओं में साहित्य का निरंतर सृजन हो रहा है। साहित्य समाज का दर्पण है। अतः साहित्य का अविच्छिन्न सृजन ही समाज की जीवन्तता को कायम रख सकता है।

त्रेता युग में भगवान श्री राम चन्द्र की जीवनी पर लिखित महाकाव्य दर्शाता है कि रावण एक महान विद्वान व्यक्ति था परन्तु अपने अहंकारवश उसने अपना धन, वैभव और वंश गंवा दिया। उसे ऊँच नीच का ज्ञान देने वाले बहुत थे परन्तु उसने किसी की एक न सुनी क्योंकि वह अपने को

महाज्ञानी समझता था। आखिर में सब कुछ गंवाने के बाद वह खुद भी सदगति को प्राप्त हो गया।

इसी प्रकार द्वापर युग में भगवान श्री कृष्ण के युग में महाभारत रची गई। इस काल में राजा कंस और कौरवों ने भी अहंकार से परिपूर्ण ऐसे कई कार्य किए जिससे अपनी मृत्यु से पहले उनको भी अपने धन, वैभव और वंश को गंवाना पड़ा था। परन्तु इन महाग्रंथों से मिलने वाली शिक्षा को जानते हुए भी विरले ही अपने जीवन में उसका अनुसरण करते हैं। ऐसी ज्वलंत घटनाएँ हमेशा होती रहती हैं। भूतकाल में भी हुई हैं। वर्तमान में हो रही हैं तथा भविष्य में भी होती रहेंगी।

इसी कड़ी में एक औरत सुन्दर, गौरी, सुशील, मृदुभाषी, मेहमान नवाजी एवं आदर सत्कार करने में उत्तम, धार्मिक प्रवृत्ति वाली एक सर्वगुण सम्पन्न व्यवहार कुशल दिखाई देती थी। परन्तु अपने लड़के की शादी के विचार ने उसके बर्ताव में बहुत बड़ा बदलाव ला दिया। वह इस विचार से अंदर तक काँप उठी कि अगर उसकी पुत्र वधू उससे इक्कीस निकल गई तो उसके अपने रूप लावण्य की प्रशंसा करने वालों से वंचित रह जाएगी। इस समस्या से पार पाने के लिए उसने एक घृणित चाल को अंजाम देने की सोच ली और उसे अपने मातृ भक्त बेटे के हित को दाँव पर लगाने में भी कोई हिचकिचाहट महसूस नहीं हुई।

अपने विचारों को अमली जामा पहनाने के लिए उसने अपने पुत्र की शादी पक्की करने में किसी से कोई सलाह मशवरा नहीं किया। यहाँ तक की उसका लड़का भी अपनी दुल्हन के बारे में अपनी शादी तक अनभिज्ञ रहा। शादी के बाद भी अपने तथा उसकी पुत्रवधू के बीच बढ़ती कलह को सुलझाने में भी उसने घर के किसी भी सदस्य को दखलंदाजी की चेतावनी दे दी। उसने इस बारे में अपने एक खैरख्वाह, जिससे वह प्रत्येक समस्या का समाधान कराती थी तथा जिसने उसकी हर पल सहायता की थी, की सलाह को भी कोई तवज्जों नहीं दी।

दया, करूणा, मानवता तथा ममतामयी मूर्ति का यह हठी रूप देखकर सभी आश्चर्य चकित थे। उसके व्यवहार पर गहन चिन्तन करने के बाद यह निष्कर्ष निकला कि हो न हो वह अपने रूप लावण्य के अहंकार की शिकार हो गई है। अत: कई बार उसको चेताने के बाद भी उसका विवेक जाग्रत नहीं हुआ और अंत में अपना सब धन, वैभव और वंश गंवाने की आशंका के बाद पश्चाताप करती रह गई।

समीक्षा

"अहंकार" उपन्यास एक बहुत ही रोचक एवं सारगर्मित उपन्यास है जो पाठकों को जीवन के संदर्भ में कई तरह की शिक्षा प्रदान करता हुआ पारिवारिक पृष्ठ भूमि के आधार पर लिखा गया है। यह एक नारी प्रधान उपन्यास है जिसमें पूरी कहानी मुख्य पात्र "पुष्पांजली" के इर्द-गिर्द घूमती है। परिवार के अन्य सदस्य तो शतरंज के मोहरों के समान ही हैं जिन्हें खिलाड़ी अपनी इच्छानुसार जगह देता है।

विभिन्न लघुकथाओं के माध्यम से पुष्पांजली के अपने मकान की मनोकामना, ऋण की समस्या, उसकी बढ़ती हुई इच्छाएँ, दिखावे की प्रवृत्ति, सुंदरता का दर्प और वैवाहिक सामंजस्य की कमी को लेखक ने बहुत ही प्रभावशाली ढंग से व्यक्त किया है। हालांकि पुष्पांजली के परिवार के हितैषी ने अपने जीवन से जुड़ी एक सत्य घटना के माध्यम से पुष्पांजली को यह संदेशा देने की कोशिश की कि अहंकार का फल अंत में विनाश ही होता है परन्तु विनाश काले विपरीत बुद्धि का दंश पुष्पांजली के दिमाग पर कोई प्रभाव न डाल सका। इसके साथ समय-समय पर लेखक ने पुष्पांजली को चेतावनी देकर पारिवारिक कलह को त्याग कर सौहार्द तथा आपसी सामंजस्य का मार्ग अपनाने की सलाह देकर पाठकों को एक संदेश देने की कोशिश की है कि व्यक्ति को संयम रखकर समझदारी से अपने पारिवारिक जीवन को उन्नति के पथ पर अग्रसर करना चाहिए।

उपन्यास के अन्य पात्र विनीत, जो एक मातृ भक्त है, द्वारा अपनी अर्धांगिनी की उपेक्षा करने में अपनी माँ का सहभागी बनना और राम

सेवक, जो एक पत्नी भक्त है तथा विजया का उनके विचारों से सहमत होना रजनी को बगावत करने पर मजबूर कर देता है। परिणाम स्वरूप एक छोटे, सुन्दर और व्यवस्थित परिवार में कलह की शुरूआत तलाक की परिणिति के रूप में सामने मुँह बा कर खड़ी हो गई।

एक बार फिर अग्रवाल के अथक प्रयासों से विनीत, राम सेवक और पुष्पांजली पश्चाताप करने को तैयार हो गए और रजनी के मधुर मिलन से पारिवारिक जीवन सुखमय हो गया। यह उपन्यास एक मनोरंजक और शिक्षाप्रद उपन्यास है जो पाठकों को अवश्य ही पसंद आएगा।

चेतना मंगल

स्नातकोत्तर, बी.एड. (हिन्दी)

दिल्ली विश्व विद्यालय

एक महल सपनों का

आषाढ़ का महीना समाप्त होने को था। परंतु वर्षा का शुभारम्भ अभी तक नहीं हुआ था। इलाके की सारी जनता रह-रह कर इसी आशा में ऊपर आसमान की ओर देखती थी कि कहीं कोई बादल बनने की स्थिति तो नहीं बन रही है परंतु व्यर्थ। श्रावन माह के शुरू होते ही लोगों ने वर्षा के दाता इंद्रदेव का आवाहन करने का मन बना लिया। इंद्र देव को रिझाने के लिए भारत में कई स्थानों पर महायज्ञ कराए जाने लगे। आखिर इंद्र देव ने लोगों की प्रार्थना सुन ही ली तथा पृथ्वी पर बसने वाले प्यासे प्राणियों की प्यास बुझाने की ठान ली। देखते ही देखते काले-काले बादल उमड़ आए। पेड़ों पर बैठे मोरों की कूक दूर-दूर तक गुंजायमान होने लगी। पुरवईया हवा के झोंको से पेड़ पौधे झूमने लगे। बादलों को उमड़ते देख सभी लोग खुशी से झूमने लगे तथा जैसे चकोर चाँद को एकटक देखता रहता है उसी प्रकार हर मनुष्य उन बादलों को निहारने लगा कि न जाने कब उनसे बूँदे टपक कर धरती माँ के साथ-साथ उस पर रहने बसने वाले प्राणियों की प्यास बुझाएगी।

हरियाणा राज्य के गुड़गाँवा जिले के पालम विहार इलाके में अपने परिवार के साथ रह रहे राम सेवक तिवारी को सुबह पाँच बजे ही घर से निकलना पड़ता है, क्योंकि उसकी ड्यूटी देहली में सुबह छः बजे ही होती है। उसकी पत्नी पुष्पांजली को उसका चाय नाश्ता तथा खाना बनाने के लिए कम से कम एक घंटा पहले तो उठना ही पड़ता है। अपने पति को विदा करने के बाद वह एक घंटा मुश्किल से ही आराम कर पाती

होगी कि अपने बच्चों को भेजने की तैयारी करनी पड़ती है। उसका लड़का विनीत गुड़गाँवा में नौकरी करता है तथा लड़की विजया अभी बारहवीं कक्षा में पढ़ रही है। उनके काम से निपट कर पुष्पांजली को घर के अन्य कार्य पूरा करने में सुबह के लगभग ग्यारह बज जाते हैं।

आज घर के काम निबटा कर जब वह बाहर आई तो उसकी नजर सामने खुली जमीन पर पड़ी। कच्ची जमीन गीली थी। अचानक उसके नथुनों को गीली मिट्टी की सौंधी खुशबू के साथ-साथ उसके द्वारा लगाए गए पौधों पर आए फूलों की भीनी-भीनी सुगंध ने भर दिया। इसके साथ ही वर्षा के कारण हुई ठंडी समीर ने उसे स्पर्श कर उसके थके शरीर में एक नई स्फूर्ति जागृत कर दी। वह आनन्दित एवं पुलकित हो उठी।

बहुत दिनों बाद आज बारिश हुई थी। पुष्पांजली ने देखा कि घर के बाहर लगाए गए फूल के पौधों के पत्तों पर से धूल धुल गई थी और वे सब एक पौंछी गई तस्वीर की तरह साफ नजर आ रहे थे। प्यासे फूलों ने भी अपनी प्यास बुझाकर जैसे अपनी पूरी छटा बिखेरने का मन बना लिया था। बारिश के पानी ने उनमें जान फूँक कर उन्हें पूरी तरह विकसित कर दिया था। उनकी खुशबू बहुत मनमोहक एवं मन लुभावनी बन गई थी। पुष्पांजली अपने को रोक न पाई अत: उचक कर वह पौधों के बीच उगी हरी घास पर जा बैठी। पुष्पांजली के चेहरे से झलकती संतुष्टता ने उसके चेहरे की लालिमा को और गरमा दिया। उसका गोरा चिट्टा गोल चेहरा ऐसा प्रतीत होने लगा जैसे उसके चारों और महकते खिले फूलों के बीच एक कमल का फूल खिल उठा था। अचानक एक समीर का झोंका आया जिसने पुष्पांजली के चेहरे की रौनक पर चार चाँद लगा दिए। पुष्पांजली तो निश्चल बैठी रही परंतु समीर के झोंके का छोटे फूलों के पौधों पर प्रतिकूल असर पड़ा। वे समीर के झोंके से झुक गए। ऐसा प्रतीत हो रहा था जैसे छोटे फूल उस बड़े पुष्पांजली रूपी कमल के फूल को नमन कर रहे थे।

अपने छोटे से क्यारीनुमा बगीचे के बीच बैठी पुष्पांजली अपने अतीत और वर्तमान के बीच गोते खाने लगी। उसके मानस पटल पर साफ-साफ लगा कि जब सात आठ वर्ष की रही होगी। वर्षा की फुहार उसके मन में तब भी कितनी स्फूर्ति भर देती थी। माँ के लाख मना करने के बावजूद वह उनकी आँख बचाकर वर्षा में पूरी भीग जाया करती थी। माँ बताया करती थी कि उसके पैदा होने का जश्न उसके पूरे परिवार में मनाया गया था। उसे सब फूल जैसी कोमल कहा करते थे। अतः माँ ने उसका नाम पुष्पांजली रख दिया था, क्योंकि मैं दिपावली के शुभ पर्व के दिनों में पैदा हुई थी इसलिए मुझे घर में लक्ष्मी के रूप का आगमन भी माना गया।

पुष्पांजली के पिता जी के पास गाँव में काफी जमीन थी जिसमें आम, अमरूद, अनार इत्यादि के पेड़ लगा रखे थे जिनमें खूब फल लगते थे। मेरे पिता जी डाक्टर देवदत्त, जिला गोरखपुर में एक सरकारी अस्पताल में नौकरी भी करते थे। मेरी माँ सौभाग्यवती, चूल्हा चौका तथा बच्चों की देखभाल का काम बखूबी निभाने में सक्ष्म थी।

पुष्पांजली को याद आए अपने गाँव, खेत, अमराई और नदी जिनके साथ उसका बचपन से रिश्ता है। उसका भावुक मन आज भी उनकी समीक्षा के प्रति लालायित रहा है। उसे याद आती है गाँव के पेड़ों पर पक्षियों की चहचाहट से संगीतमय होता हुआ सुबह का मन लुभावन खुबसूरत वातावरण, भीनी-भीनी सुंगध लिये प्रभात की ठंडी पवन, कठोर परिश्रम के पश्चात् शिखर दुपहरी में पेड़ों की ठंडी छाँव में सुस्ताते लोग, दिन ढलने के धुंधलके में अपने बसेरों की ओर पक्षियों के उड़ते झुंड, सिमटती हुई मन भावन संध्या, कभी हाथ को हाथ न दिखने वाली निस्तब्ध अंधेरी तो कभी चाँदनी में नहाई रातें।

उसे आज भी याद है वर्षा के दिनों में अपने गाँव के पास बहती उफनती सरजू नदी का विद्रोह। उसने उस नदी का रौद्र रूप भी देखा है

तो उसके स्वच्छन्द निर्मल जल में सैकड़ों बार नहाने का सुख भी भोगा है। एक बार तो अपनी छोटी बहन के मुंडन के दिन जब सब नदी पर स्नान कर रहे थे वह डुबते-डुबते बच गई थी। उसको जल में बहते देख कैसे उसकी माँ ने अपनी जान जोखम में डालकर नदी में छलाँग लगा दी थी। अगर उसके मामा जी समय पर देख न रहे होते तो आज कहानी कुछ और ही होती। यह याद करते करते पुष्पांजली के सारे शरीर में एक झुरझुरी सी दौड़ गई। परंतु "जाको राखे साईयां मार सके न कोय" उस कृपा निदान की कृपा से वह आज भी जिन्दा है।

फिर पुष्पांजली का चंचल मन उसे ले गया अपने खेतों में लगे आम के घने छायादार वृक्षों की आमों से लदी डालियों पर। उन पेड़ों के अलग-अलग नाम उसे आज भी याद हैं। उसने अमराईयों में आम से लदी बोझिल डालियों को छुकर देखा है। उन पेड़ों पर फुदकती कूकती कोयलों के मीठे स्वर को सुना है। तरह-तरह के आमों का स्वाद लिया है। कभी नदी किनारे की रेत तथा कभी बाग की शीतल कोमल मिट्टी में घरोंदे बनाना उसे बखूबी याद है। जब उसके द्वारा बनाए गये घरोंदों की सभी सराहना करते थे तो वह फूलकर कुप्पा हो जाया करती थी। मुझे पता ही न चला कि मैं कब जवान हो गई। मेरी शादी श्री राम धन तिवारी जी के सुपुत्र राम सेवक तिवारी के साथ 1983 में सम्पन्न कर दी गई। मैं उस समय मात्र 16 वर्ष की थी। मेरे पति भी गोरखपुर के रहने वाले थे। मेरी शादी होते ही उनको देहली में सरकारी नौकरी के लिए संदेशा आ गया। इसलिए 1983 से 1986 तक मुझे कभी पीहर तो कभी ससुराल में अकेला रहना पड़ा था। अकेली ब्याहता औरत का पीहर या ससुराल में इस तरह रहना अपनों की बजाय दूसरों को ज्यादा बेचैन कर देता है। लोगों की वासना भरी पैनी नजर, नन्द-भावज के ताने इत्यादि अकेली औरत का जीना दूभर कर देता हैं। उसकी मजबूरी कोई नहीं समझता।

1986 और 1989 के बीच पुष्पांजली को अपने पति के साथ दिल्ली में रहते हुए कई मकान बदलने पड़े। इसका कारण कहीं पानी की कमी, कहीं मकान में हयूमस, कहीं बाथरूम की कमी तो कहीं मकान मालिक का अडियल रवैया। अपनी मर्जी के मुताबिक किराए के मकान में न रह पाने के कारण पुष्पांजली के दिल में अपना खुद का मकान बनाने की इच्छा बलवती होती जा रही थी।

1989 के अंत में पुष्पांजली ने दिल्ली के एक गाँव में पंडित मोहन के मकान की पहली मंजिल पर एक कमरा किराए पर ले लिया। कमरे के आगे थोड़ी खुली छत थी। उसके सामने वाला मकान अग्रवाल का था। अब तक पुष्पांजली दो बच्चों की माँ बन चुकी थी। घर के काम काज से फुर्सत पाकर शालिनी (अग्रवाल की पत्नी) तथा पुष्पांजली अपनी छत पर खड़े होकर थोड़ी बहुत बातें कर लेती थी। पुष्पांजली अड़ी-भीड़ में अग्रवाल की दुकान से थोड़ा बहुत सामान उधार भी ले आती थी जिसका अग्रवाल कभी तकाजा न करता था। एक अनजान आदमी को उधार दे देना पुष्पांजली के मन में अग्रवाल के प्रति सम्मान बढ़ाता चला गया। वैसे अग्रवाल किसी भी अनजान आदमी को, अगर वह भूखा है तो, आटा दाल दे देता था फिर पुष्पांजली तो उसके घर के सामने रहती थी अत: अधिक देने में भी कोई अड़चन न थी।

1990 में पुष्पांजली अपने परिवार के साथ अग्रवाल के मकान के साथ बने नए मकान में किराए पर रहने लगी। अब पुष्पांजली एवं शालिनी का आपस में बातचीज करना आसान हो गया क्योंकि अब वे अपने अपने मकान के छज्जों पर खड़े होकर बातें कर सकती थीं। उनके बीच अब कोई फासला नहीं रह गया था। धीरे-धीरे इन दोनों की दोस्ती गाढ़ी होती गई और यह इतनी गाढ़ी हो गई कि शालिनी ने अपने नए बनाए मकान जो गुड़गाँवा में था के गृह प्रवेश के मूहर्त पर पुष्पांजली को भी निमंत्रण दे दिया। शालिनी द्वारा उसे इतना बड़ा सम्मान दिये जाने से वह बहुत खुश

थी और उससे ज्यादा खुशी उसे तब हुई जब उसने अपनी सहेली का नया मकान देखा। इसके साथ ही पुष्पांजली के मन में दबी अपने खुद के मकान की लालसा को हवा मिल गई।

जब शालिनी ने अपना ज्यादा समय गुडगाँवा बिताना शुरू कर दिया तो पुष्पांजली कुछ विचलित सी रहने लगी। जब भी शालिनी दिल्ली आती तो अधीरता से इंतजार करती पुष्पांजली उससे मिलने दौड़ी आती। वह शालिनी के सामने बैठी घंटों अपने मन की व्यथा उड़ेलती रहती।

हालाँकि अग्रवाल को शालिनी एवं पुष्पांजली के मेल मिलाप से कोई लेना देना न था परंतु पुष्पांजली के इतने दिन के आने जाने से उसने इतना अंदाजा अवश्य लगा लिया कि पुष्पांजली के चेहरे की आभा दिन प्रति दिन लुप्त होती जा रही है। अग्रवाल को यह आभास हो गया कि पुष्पांजली के मन में कोई कसक है जिसके कारण उसका स्वास्थ्य गिरता जा रहा है। दिन प्रति दिन उसके बदलते रवैये से ऐसा महसूस होने लगा जैसे वह किसी डिप्रैशन का शिकार होती जा रही है।

एक दिन शालिनी ने अग्रवाल को बताया कि पुष्पांजली का एक जमीन का प्लाट पालम विहार गुड़गाँवा में है। पुष्पांजली चाहती है कि उसकी चार दीवारी करा दी जाए।

"तुम मुझे क्यों बता रही हो?" पूछा अग्रवाल ने।

"उसका आदमी कुछ करने को तैयार नहीं है।"

"तो मैं क्या करूँ?"

"मैं जोर नहीं दे रही। अगर आप करा सको तो देख लो।"

"अरे मुझे इससे क्या लेना देना। उसका आदमी है, लड़का है, वो कराएँ ये सब।" अग्रवाल ने अपनी गर्दन झटकते हुए कहा, "जान न पहचान तू मेरा मेहमान।"

शालिनी ने यह सोचते हुए कि उसका पति कहीं गुस्सा न हो जाए केवल इतना कहा, "देख लो अगर हो सके तो करा देना।"

इसके बाद बात आई गई हो गई।

जैसे दबी चिंगारी कभी न कभी आग बनकर भड़क उठती है उसी प्रकार पुष्पांजली के दिल में दबी अपने मकान की लालसा ने उसे एक दिन फिर झकझोर कर रख दिया। वह ख्यालों में खो गई तथा सोचने लगी कि कैसे द्वापर युग में भगवान श्री कृष्ण गोकुल में रहने वाले ग्वाल-बालों के साथ खेल खाकर बड़े हुए थे। उनकी एक टोली थी जो बहुत नटखट भरे काम करती रहती थी। वे ग्वालिनों की गुलेल से मटकियाँ फोड़ देते थे। घरों से माखन चुरा कर खा लेते थे। सुबह से शाम तक वे खेत खलिहानों में गाएँ चराते रहते थे परंतु दुखियारों की मदद के लिए वे हमेशा तैयार रहते थे। कृष्ण जी की उस टोली में सुदामा नाम का एक ब्राह्मण का लड़का भी था। बचपन में बच्चों के बीच आपस में जाति, धर्म, वैभव, धन, दौलत इत्यादि का कोई भेद भाव नहीं होता। ज्यों ज्यों बच्चा बड़ा होता जाता है तथा कुछ समझने लगता है त्यों त्यों ये विकार उसके मन में पनपने लगते हैं। धीरे-धीरे वे सब अपनी-अपनी गृहस्थी में उलझकर एक दूसरे को भूल जाते हैं। बड़े होकर श्री कृष्ण जी द्वारकाधीश बन गए। वे अब एक समृद्ध एवं शक्तिशाली राज्य के स्वामी बन चुके थे। परंतु उनका बचपन का मित्र सुदामा एक दरिद्र ब्राह्मण ही रह गया। जहाँ कृष्ण जी के पास अथाह् सम्पत्ति थी वहाँ सुदामा के घर खाने के लाले पड़ रहे थे। कृष्ण जी एक भव्य महल में रहते थे परंतु सुदामा के पास सिर छुपाने को ढंग की एक झोंपड़ी भी न थी। कृष्ण जी हीरे जवाहरातों से लदे रहते थे उधर सुदामा के पास तुलसी की माला खरीदने के पैसे भी न थे।

अपनी गरीबी एवं भूखे बिलखते बच्चों को देखकर सुदामा की पत्नी अपने पति से कई बार मिन्नत करती थी कि वे जाकर अपने बचपन के

मित्र कृष्ण से कुछ सहायता करने की गुजारिश करे परंतु सुदामा का अहम उनके आड़े आ जाता था। दूसरे सुदामा यह सोचकर कि उनका बचपन का साथी जो अब द्वारकाधीश है भला इस दरिद्र ब्राह्मण को अब वह क्या पहचानेगा, नहीं जाता था। परंतु एक दिन सुदामा ने अपनी पत्नी के आगे हथियार डाल दिए तथा अपने मित्र के द्वार खटखटा दिए। सुदामा की आशाओं के विपरीत कृष्ण ने उसका भव्य स्वागत किया तथा मेहमान नवाजी में कोई कसर न छोड़ी। विदा करते समय कृष्ण जी ने सुदामा को खूब धन धान्य भी दिया। सुदामा जब अपने घर वापिस आया तो अपनी टूटी फूटी झोंपड़ी के स्थान पर एक भव्य इमारत खड़ी देखकर दंग रह गया। वह बाहर खड़ा अभी सोच ही रहा था कि अन्दर जाए या न जाए कि उसकी पत्नी सुन्दर कपड़े पहने तथा कीमती गहनों से लदी बाहर आई। वह आश्चर्य चकित अपने पति की तंद्रा भंग करते हुए अन्दर ले गई। इस प्रकार अपनी पत्नी की जिद के सामने सिर झुकाने से सुदामा एवं उसके परिवार को उनके जीवन का हर सुख प्राप्त हो गया।

इतना सब सोचने के बाद पुष्पांजली थोड़ी ठिठकी। आखिर उसके यह सब सोचने का औचित्य क्या है। अब द्वापर युग नहीं है बल्कि कलियुग है। आज जो प्यार और अपनापन है वह केवल बनावटी है। अब लोग सिर्फ औपचारिकता ही निभाते हैं। जल, थल और मन आज सब प्रदूषित हैं। निस्वार्थ सेवा एवं त्याग की भावना रखने वाले लोग अब अपने तक ही सीमित रह गए हैं। फिर भला मेरे मन में बसे मेरे अपने मकान के सपने को इस युग में कौन पूरा करेगा। इन सब विचारों के बावजूद पुष्पांजली ने भगवान से मन ही मन प्रार्थना की कि हे भगवान, अगर आप खुद नहीं आ सकते तो मुझे किसी ऐसे व्यक्ति का सहारा दिला दे जिससे मेरे मन की इच्छा पूर्ण हो जाए।

वैसे पुष्पांजली को याद है कि उसने अपने पति राम सेवक तिवारी से पुरजोर कोशिश की थी कि वह शालिनी के पति अग्रवाल से अपना

मकान बनवाने की सलाह मशवरा करे। परंतु वह टस से मस न हुआ था। असल में राम सेवक सीधा-साधा, भोला-भाला तथा अपने काम से काम रखने वाला व्यक्ति था। उसे बस अपनी नौकरी की फिक्र रहती थी। बाकी चीज या काम की परवाह न थी। उसे पगार भी अच्छी खासी मिलती थी जो हर महीने वह लाकर अपनी पत्नी को सौंप कर निश्चिंत हो जाता था। उसके बाद उसे रोटी, कपड़ा और मकान, जो आज के युग की पुकार है, और किसी वस्तु की कोई चिंता न थी। वैसे अग्रवाल और राम सेवक के बीच राम-राम, श्याम-श्याम भी न के बराबर थी। इसके विपरीत पुष्पांजली उसके घर आते-जाते अग्रवाल से नमस्ते कर ही लिया करती थी।

यहाँ एक पत्नी अपने पति को आत्म-समर्पण कराने में नाकामयाब रही। उसने अपने पति की जिद के आगे घुटने टेक दिए। परंतु अपने मकसद में कामयाब होने हेतु दृढ़ता से खुद खड़े होने की मन में ठान ली। अतः उसने फैसला कर लिया कि वह खुद ही अग्रवाल के सामने अपना प्रस्ताव रखेगी। वैसे भी वर्तमान युग के परिवेश में औरतें ही अधिक उन्नति कर रही हैं। वे हर एक महकमें में पुरुषों को पछाड़ रही हैं।

एक दिन धैर्य करके पुष्पांजली ने शालिनी के सामने अग्रवाल से कहा था, "भाई साहब मेरे पास 80000 रुपये हैं। आप से विनती है कि हमारे पालम विहार वाले प्लाट की चार दिवारी तथा एक कमरा बनवा दो, क्योंकि आप वहाँ के बारे में सब जानते हो।"

अग्रवाल असमंजस से, "मैं बनवा दूँ?"

"हाँ भाई साहब (हाथ जोड़ते हुए) आपकी अति कृपा होगी।"

"परंतु आपके पति यह काम क्यों नहीं करवाते?"

"भाई साहब मैं उनको अच्छी तरह जानती हूँ। उनके बस का यह काम नहीं है।"

"मैं उनको सलाह देता रहूँगा। वे उसी तरह देखभाल कर लेंगे।"

"उनसे कोई उम्मीद नहीं है। देखभाल मैं कर लिया करूँगी।"

"क्या आप वहाँ रोज जा सकोगी?"

"जाना ही पड़ेगा।"

"परंतु आप तो बीमार सी रहती हैं?"

"देखा जाएगा। कोशिश तो करूँगी।"

अग्रवाल ने पुष्पांजली की जबान, उसके कहने के लहजे तथा चेहरे की भाव भंगिमा से अन्दाजा लगा लिया कि अपना मकान बनाने का वह दृढ़ निश्चय कर चुकी है। फिर अग्रवाल ने यह भी विचार लगाया, जैसे उसे पहले से ही शंका थी, कि पुष्पांजली केवल अपने स्वयं के मकान के लिए इतनी लालायित रहती थी कि उसे अपने शरीर की चिंता न रही और वह दिन प्रति दिन कमजोर होकर अस्वस्थ सी दिखने लगी है। अत: अग्रवाल ने यहीं सोचकर कि शायद मकान बनाने की खुशी पुष्पांजली के स्वास्थ्य लाभ का कारण हो सकती है उसकी सहायता करने की ठान ली। फिर उसका (अग्रवाल का) इसमें नुकसान भी क्या है, क्योंकि माया पुष्पांजली की है और वह खाली है। पंडितों की केवल निस्वार्थ सेवा हो जाए तो इससे बड़ा पुण्य क्या होगा यह सोचकर अग्रवाल ने पुष्पांजली के मकान का शुभारम्भ कराने की हामी भर दी।

पुष्पांजली के प्लाट पर काम शुरू हो गया। नींव भर दी गई। एक कमरे की दीवारें भी खड़ी हो गई। दीवारों के खड़े होते-होते पुष्पांजली के स्वास्थ्य में भी आश्चर्य जनक परिवर्तन आता गया। वह अब एकदम स्वस्थ दिखती थी। इस दौरान अग्रवाल ने पुष्पांजली से उसके घर की आमदनी का पूरा-पूरा ब्यौरा ले लिया था। उनके बारे में जानकर अग्रवाल को अचरज हुआ कि इतनी आमदनी होते हुए भी वे अभी तक अपना मकान क्यों नहीं बनवा सके। शायद उनके यहाँ पैसे को खर्च करने की प्लानिंग की कमी थी। अग्रवाल ने हर पहलू से पूरा जायजा लेने के बाद

तथा पुष्पांजली के व्यवहार, उसका पक्का इरादा तथा उसके चेहरे पर लौटती कांता को देखते हुए उसके सामने एक प्रस्ताव रख दिया।

"क्या आप हर महीने 15000 रुपये दे सकती हैं?"

"क्यों क्या बात है?"

"आप का मकान पूरा बन जाएगा।"

"क्या! सचमुच!", जैसे पुष्पांजली को अपने कानों पर विश्वास न हो रहा हो।

"हाँ मैं सत्य कह रहा हूँ।"

"परंतु इतना पैसा......।"

"वह मेरे ऊपर छोड़ो।"

जैसे अंधे को दो आँखें मिल गई हों, पुष्पांजली फटाक से बोली, हाँ मैं 15000 रुपये हर महीने दे सकती हूँ।" अग्रवाल ने कर्ज से पैसा ले लिया। पुष्पांजली प्रत्येक दिन दुख-सुख झेलती देहली से पालम विहार बन रहे अपने मकान की देखभाल के लिए आती रही। उसकी सेहत पर इसका अनुकूल असर पड़ा तथा वह स्वस्थ हो गई। राम सेवक तो कभी कभार मकान देखने आ जाता था परंतु उनके लड़के विनीत ने तो मौके पर कभी दर्शन दिये ही नहीं। हाँ पहली मंजिल की छत डलने के समय पूरा परिवार जरूर आया था।

पहली मंजिल की छत डलने पर पुष्पांजली इतनी भाव-विभोर हो उठी थी कि आँखों में खुशी के आँसू लिए वह चुपके से आई तथा अग्रवाल के चरण छू लिए। एक पंडिताईन द्वारा उसके चरण छूने से अग्रवाल को अपने मन में बहुत पश्चाताप हुआ। परंतु पुष्पांजली के वचन सुनकर कि अपने जयेष्ठ (जेठ) के चरण छूने में कोई हर्ज नहीं है, अग्रवाल को कुछ सांत्वना मिली। उस दिन पुष्पांजली ने अपने मन में

भगवान के प्रति आभार व्यक्त करते हुए कहा कि हे ईश्वर आज भी आप की कृपा से इस संसार में ऐसे लोग हैं जिनके दिलों में दूसरों के प्रति प्यार और अपनापन है। वे औपचारिकता नहीं निभाते परंतु उनके मन में प्रेम की मन्दाकिनी बहती है। जिसमें डुबोकर वे अपने साथ-साथ दूसरों को भी पाक साफ कर लेते हैं। वे निस्वार्थ और त्याग की भावना दिखाते हुए देवता का दर्जा पा जाते हैं।

आज से यही दर्जा मेरे मन में जीजी शालिनी के पति अग्रवाल जी का हो गया है।

पुष्पांजली अपने बगीचे में बैठी इन्हीं सभी विचारों में मग्न थी कि उसकी लड़की स्कूल से आकर कब उसके सामने खड़ी हो गई उसे पता न चला। लड़की के पुकारने से जब पुष्पांजली की तंद्रा टूटी तो लड़की ने पूछा, "कहाँ सपनों में खोई थी मम्मी जी।"

अलसाई सी खोई-खोई सी पुष्पांजली उठते हुए बोली, "हाँ बेटी सपने में एक महल सपनों का कैसे पूरा हुआ वही ताना बाना बुन रही थी।"

"मम्मी जी तो क्या वह सपनों का महल पूरा हो गया?"

हाँ बेटी, तेरे ताऊ जी का दिया (अन्दर प्रवेश करते हुए तथा दोनों जोर का ठहाका लगाते हुए) यही तो है मेरा "एक महल सपनों का।"

हवस

जब विनीत दसवीं कक्षा का छात्र था तभी से अग्रवाल उसे अपनी दुकान पर सामान लेने आता जाता देख रहा था। उसका चेहरा ताजा गुलाब की तरह हमेशा खिला रहता था। उसके चेहरे की मासूमियत, मंद-मंद मुस्कान, बात करते हुए ऐसा प्रतीत होता था जैसे वाणी से फूल झड़ रहे हों। कहते हैं कि एक किशोर एवं एक बन्दर की हरकतों में कोई फर्क नहीं होता परन्तु अग्रवाल ने दूसरे बच्चों की तरह विनीत में वैसी हरकतों का समावेश कभी महसूस नहीं किया था।

विनीत के माता-पिता जो जीवन यापन के लिए बिहार से आकर लगभग बीस वर्ष से भारतवर्ष की राजधानी देहली में बस गए थे अभी तक अपना खुद का मकान न बनवा सके थे। विनीत के पिता बहुत सरल स्वभाव के व्यक्ति थे। उन्हें पैसा कमाने के अलावा दुनियादारी से कोई मतलब नहीं था। वे हर महीने अपनी पूरी पगार अपनी बीवी के हाथ पर रखकर अपने फर्ज से मुक्ति पा लेते थे। विनीत की माँ पुष्पांजली बहुत महत्त्वकांक्षी थी। देहली में रहते हुए उसने देखा था कि असंख्य लोगों ने उसकी तरह बाहर के राज्यों से आने के बाद, देहली में, अपना खुद का आशियाना बना लिया था। उसके मन में भी ललक रहती थी कि काश उसका भी सिर छिपाने मात्र एक छोटा सा आशियाना बन जाता।

सच्चे मन से, भगवान से, की फरियाद देर सवेर पूरी हो ही जाती है। विनीत की मम्मी जी को भी भगवान की दया से एक भद्र पुरुष अग्रवाल का सहारा मिल गया और उसकी आशाओं से अधिक सुख सुविधाओं वाला एक सपनों का महल बनकर तैयार हो गया। पुष्पांजली अपने परिवार

के साथ खुशी-खुशी अपने सपनों के महल में जीवन व्यतीत करने लगी।

मनुष्य का मन कभी संतुष्ट नहीं होता। हर वक्त उसके मन में कोई न कोई नई इच्छा सिर उठाती रहती हैं। एक पूरी होती नहीं कि दूसरी जागृत हो जाती हैं। तभी तो मनुष्य को कभी शान्ति नहीं मिलती। इस बारे में गुरू नानक जी का कथन ठीक ही था कि "दुखिया नानक सब संसार।" अगर मनुष्य थोड़ी संतुष्टि कर ले तो न उसका मन भटकेगा न ही अशांत होगा। परन्तु इसके विपरीत अगर इच्छाएँ समाप्त हो जाएँगी तो जीवन ठहर कर रह जाएगा। जैसे भगवान को पाने की मन में एक इच्छा रहती है उसी प्रकार जीवन में ऊँचाईयाँ छूने की भी इच्छा बलवती रहती है।

ऐसा ही कुछ पुष्पांजली के साथ हुआ। विनीत बी.काम. करने के बाद नौकरी करने लगा। वह अपनी लगन, परिश्रम, कुशल व्यवहार एवं काम करने की क्षमता से जल्दी ही अपने मालिक की नजर में चढ़ गया। उसने दिन दूनी और रात चौगुनी तरक्की करते हुए शीघ्र ही कंपनी की एक शाखा के मैंनेजर का पद भार संभाल लिया। विनीत भी अपनी मम्मी जी की तरह बहुत महत्त्वकांक्षी था। होता भी क्यों नहीं। एक तो वर्तमान युग का नौजवान दूसरे इतनी जल्दी-जल्दी पदोन्नति मिलने पर उसे सब कुछ फूला-फूला सा नजर आने लगा था। हालाँकि ऐसे होनहार लड़के पर माता-पिता को गर्व होना स्वाभाविक है परंतु उन्हें बच्चे को यह शिक्षा अवश्य देनी चाहिए कि "उतने पैर पसारीए जितनी चादर होए" और साथ ही हारी-बीमारी तथा भविष्य के लिए भी कुछ बचाकर रखने की सलाह देनी चाहिए।

इसके विपरीत यहाँ तो एक महत्त्वकांक्षी माँ की महत्त्वकांक्षा ने अपने बेटे की महत्त्वकांक्षाओं को इतना तूल दिया कि वह अपने को टाटा-बिरला के बराबर समझने लगा।

विनीत पितृभक्त कम तथा मातृ भक्त बहुत अधिक था। वह अपनी माता जी के मुँह से निकले हर शब्द को पूर्ण करने को कमर कस लेता था।

एक तो वर्तमान नौजवानों की जीवन शैली इतनी खर्चीली हो गई है कि वह अपनी जरूरतों को पूरा करने के लिए हमेशा कर्जे की स्थिति में रहता है ऊपर से अगर उसे माँ की शह मिल जाए तो उसका बंटाढार होना लाजमी है। माँ का लाडला विनीत अभी अच्छी तरह से अपनी नौकरी तथा गृहस्थी का कार्यभार संभालने में समर्थ भी नहीं हो पाया था कि उसकी चहेती माँ की महत्त्वकांक्षाओं को पंख लगने लगे। उसे अपना एक मंजिला सपनों का महल छोटा दिखाई देने लगा इसलिए, अंटी खाली होते हुए भी, उसने अपने सपनों के महल को शीश महल में बदलने का मंसूबा बना लिया। अर्थात् उसे दोमंजिला बनाने का प्रस्ताव विनीत के सामने रख दिया।

जैसे जब कोई इंस्पेक्टर किसी फैक्टरी में इंसपेक्शन के लिए जाता है और किसी वस्तु की तरफ इशारा करके कह देता है कि वह वस्तु बहुत लुभाने वाली है तो वह वस्तु उस इंस्पेक्टर के घर पहुँचा दी जाती है। इसी प्रकार विनीत की माँ ने अपने मन की दो इच्छाओं को गोल मोल करके अपने आज्ञाकारी बेटे के सामने यह कहकर प्रस्तुत किया, "बेटा, हमारे इस छोटे से घर के सामने एक लंबी गाड़ी शोभा नहीं देगी।"

एक गिलोए की लता पेड़ का सहारा लेकर ऊपर चढ़ती है तथा बाद में वही लता उस पेड़ के पत्तों, टहनियों और शाखाओं को पूरी तरह पकड़कर पेड़ पर आच्छादित हो जाती है परन्तु इतना अवश्य रहता है कि वह बेल पेड़ को कोई नुकसान नहीं पहुँचाती। इसी प्रकार पुष्पांजली, जिसने अपना मकान बनवाने के लिए जिस व्यक्ति की उंगली पकड़ी थी अब उसका पोंचा पकड़ने के अलावा उसके पास कोई चारा न था। वैसे भी हवस की खोपड़ी कभी भरती नहीं।

एक बार नारद जी कहीं जा रहे थे तो उन्हें एक भिखारी टकरा गया। भिखारी ने अपना पात्र नारद के आगे बढ़ाकर कहा, "भिक्षाम देही।"

नारद के पास तो देने के लिए कुछ था ही नहीं अतः बोला, "वत्स मैं तो एक साधु सन्यासी हूँ मेरे पास देने को कुछ नहीं है।"

जब किसी प्रकार भी वह भिखारी नारद के सामने से नहीं हटा तो नारद ने एक कागज़ पर कुछ लिखकर उसके पात्र में डालते हुए कहा, "आप जाकर इसे धन कुबेर को दिखा देना वे तुम्हारी मन की मुराद को पूरा कर देंगे।"

धन कुबेर का नाम सुनकर भिखारी दौड़कर खुशी-खुशी जल्दी से उसके सामने पहुँच गया और अपना भिक्षा का पात्र आगे बढ़ा दिया। कुबेर ने नारद का संदेश पढ़कर अपने सहयोगियों से भिखारी का पात्र अशर्फियों से भरने का फरमान दिया। कुबेर को यह देखकर आश्चर्य हुआ कि उसका सारा खजाना समाप्त होने को आया परन्तु भिखारी का दान पात्र नहीं भरा। इस पर चिंतित होकर कुबेर ने भिखारी से पूछा, कृप्या यह बताएँ कि आपका यह दान पात्र किस वस्तु का बना है, जो भरने में ही नहीं आ रहा है?"

भिखारी ने हँसते हुए बताया, "स्वामी यह हवस की खोपड़ी है।"

हवस की खोपड़ी का नाम सुनते ही कुबेर अपना माथा पकड़कर बैठ गया और फिर भिखारी से क्षमा माँगते हुए बोला, "महात्मन आपकी हवस की खोपड़ी को भरना मेरे बस की बात नहीं है।"

अग्रवाल ने माँ बेटे को लाख समझाया कि सहज पके सो मीठा होए, बेहतर होगा वे एक एक करके तथा आर्थिक दृष्टि से समर्थ होने पर ही अपनी इच्छाओं की पूर्ति करें।

अग्रवाल ने पुष्पांजली के सामने अपने जीवन में घटित घटना को उनके सामने रखकर उसको समझाने की कोशिश की, "पुष्पांजली जब हम वायु सेना की नौकरी छोड़कर आए थे तब आप तो हमारे पड़ोस में रहती थी।"

"हाँ भाई साहब मेरा परिवार वहीं था।"

आपने महसूस किया होगा कि उस समय हमारे पास घर में सुख सुविधा का कोई साधन मौजूद नहीं था?"

"कुछ का मतलब?"

"मतलब कि घर में खाने-पीने के अलावा सामान जैसे कूलर, फ्रिज, गाड़ी, और टेलीविजन यहाँ तक की ढंग का मकान भी नहीं था।"

"हाँ भाई साहब यह तो है।"

"अपनी तथा अपने बच्चों की इन साधनों से मिलने वाली खुशियों को दरकिनार करके पहले मैंने अपने मकान को रहने योग्य बनाने पर तवज्जो दी थी।"

"बिल्कुल भाई साहब।"

"और इस काम को पूरा करने के लिए मुझे कई महीने लग गए थे।"

"हाँ भाई साहब आप मकान बनवाने के काम को बीच-बीच में थोड़े दिनों के लिए बंद जो करवा देते थे। एक बार तो मैं ही क्या सारा मौहल्ला इस बात को कहने लगा था कि न जाने क्यों अग्रवाल ने अपने मकान में अठारह इंच की खंडहर जैसी दीवार खड़ी क्यों छोड़ रखी है।"

"बिल्कुल ठीक, जानती हो क्यों?"

"क्यों?"

"क्योंकि मेरे पास इतना पैसा नहीं रहता था कि मैं चिनाई लगातार करवा सकता तथा ऋण मैं लेना नहीं चाहता था।"

मेरी बात सुनकर एक बार को पुष्पांजली का चेहरा मुरझा गया परन्तु कुछ पलों के बाद ही वह पूरे जोश के साथ बोली, "भाई साहब मेरे पास पैसों की कोई कमी नहीं है। हमारे घर में तीन-तीन कमाने वाले हैं इसलिए मुझे ऋण की किस्त भरने में कोई दिक्कत नहीं आएगी।"

अग्रवाल ने सलाह दी, "पुष्पांजली समय बड़ा बलवान होता है अतः संभलकर चलना ही हितकर होता है।"

पुष्पांजली की तो जैसे हवस और अहंकार ने मति मार दी थी। ऊँची गर्दन करके बोली, "भाई साहब आप बिल्कुल चिंता न करें। हाथ जोड़कर, बस एक बार और सहायता कर दो।"

अग्रवाल ने पुष्पांजली की मति को सही रास्ते पर लाने का एक और प्रयास किया, "अच्छा एक बात बताओं, मेरा दुमंजिला मकान तो आपने देखा है?"

"हाँ देखा है।"

"उसकी दूसरी मंजिल पर कभी गई हो?"

"हाँ एक बार चढ़ी थी।"

"वहाँ का नजारा क्या था?"

"लगता था कई दिनों से झाड़ू भी नहीं लग पाया था।"

"इसी से सीख ले लो कि मकान उतना ही ठीक रहता है जिसका रख-रखाव अच्छी तरह रखा जा सके।"

"भाई साहब आप अपना मकान किराए पर नहीं देते इसलिए ऐसी हालत रहती है।"

"तो आप क्या किराए पर देने के लिए दुमंजिला बनवाने का विचार कर रही हो?"

"हाँ भाई साहब इस बहाने कुछ आमदनी भी हो जाएगी।"

अग्रवाल कुछ सोचकर, "यहाँ आपके इलाके में किराया मुश्किल से पाँच हजार मिलेगा।"

"भाई साहब आपने सही अंदाजा लगाया है।"

"और बनवाने में कितनी लागत आएगी?"

"लगभग सात लाख।"

"इसका बैंक ब्याज कितना बनेगा"

"पता नहीं"

"मैं बताता हूँ, लगभग दस हजार पाँच सौ।"

"भाई साहब अपनी जायदाद तो बन जाएगी?"

"जायदाद तो फिर कभी भी बन सकती है जब तुम आर्थिक रूप से समर्थ हो जाओगी।"

पुष्पांजली शायद समझना नहीं चाहती थी बोली, "भाई साहब सब हो जाएगा।"

अग्रवाल साफ देख रहा था कि पुष्पांजली की अपने मकान को दुमंजिला बनवाने की जिद उसे बहुत बड़े आर्थिक संकट में लाकर खड़ा कर देगी। उसने समझाया, "बहन जी जैसे हमारे प्रधानमंत्री श्री नरेंद्र मोदी कहते हैं कि वे गुजराती हैं और गुजरातियों के खून में व्यापार बसा है उसी प्रकार मैं भी बनिया हूँ। बहनजी बनिए का हिसाब लगा कर देखो। आपको हर महीने पाँच हजार रुपये का नुकसान रहेगा।"

पुष्पांजली बस एक ही रट लगाए थी, कोई नहीं सब हो जाएगा और उसका लड़का विनीत अपनी चुप्पी से अपनी माँ की सहमति जता रहा था।

स्त्री और बच्चे की हठ या जिद तो जगत प्रसिद्ध है। अगर वे जिद पर आ जाएँ तो वे मानते नहीं बल्कि मनाकर रहते हैं। आखिर अग्रवाल ने यह सोचकर कि माँ बेटे को संतोष नहीं है तथा अपनी आमदनी पर बहुत घमंड है और किसी हालत में भी वे उसकी बात मानने वाले नहीं हैं अपने हथियार डाल दिए।

जैसे सावन के अंधे को हरियाली का आभास रहता ही है उसी प्रकार विनीत अपनी भविष्य में होने वाली पदोन्नती के भरोसे बहुत आशक्त था। उनकी जिद तथा अपनी सुरक्षा को जाँच लेने के बाद अग्रवाल को पुष्पांजली की महत्त्वकांक्षाओं को पूरा करने के लिए सहारा देना ही पड़ा।

अब माँ अपने महल को शीश महल में परिवर्तित करने में जुट गई तो लड़के ने अपनी शान बढ़ाने के लिए पहले मोटर साईकिल खरीदी, फिर इसके बाद अपनी माँ के मन की दबी इच्छा को पूरा करने के लिए अग्रवाल के सामने कार खरीदने का प्रस्ताव भी रख दिया।

विनीत के परिवार को पहले से ही जरूरत से ज्यादा कर्ज दिला चुके अग्रवाल ने विनीत से पूछा, गाड़ी किस लिए चाहिए?"

विनीत ने मार्मिक शब्दों में कहा, "ताऊ जी आप तो जानते हैं कि मम्मी जी की तबीयत अचानक बिगड़ जाती है इसलिए उन्हें ले जाने के लिए कुछ तो साधन होना चाहिए।"

"विनीत तुम्हारी बात ठीक है परन्तु मान लो तुम्हें महीने में एक बार ही गाड़ी की जरूरत पड़ती है तो क्या इसके लिए पाँच लाख लगाना अक्लमंदी कहलाएगी?"

ताऊ जी मैं आपकी बात समझा नहीं?"

अग्रवाल ने बनिए का हिसाब समझाया, "देखों पाँच लाख का ब्याज हर महीने लगभग 4500 पड़ता है। अगर अपनी मम्मी जी को महीने में एक बार भी ले जाना पड़ता है तो टैक्सी ज्यादा से ज्यादा 700 लेगी।"

विनीत अपना सिर खुजा कर, "वह तो है।"

"ऊपर से पाँच लाख का ब्याज 4000 हर माह तुम्हारी जेब में बचा रहेगा।"

"वह तो ठीक है ताऊ जी परन्तु अपनी सवारी तो अपनी ही होती है।"

अग्रवाल ने जान लिया कि विनीत अपनी माँ की तरह अपनी शानो शौकत दिखाना चाहता है, इसलिए विनीत को उसकी बात समझ नहीं आएगी। अतः पूछा, "गाड़ी के लिए लेने वाले कर्ज की भरपाई कैसे करोगे?"

"ताऊ जी बस डाउन पेमेंट की समस्या है आगे तो हो जाएगा।"

"वह कैसे?"

"देखो अब मेरी प्रमोशन होनी है। मुझे उसमें पाँच हजार की बढ़ोतरी मिलेगी।"

"परन्तु अभी तीन महीने पहले ही तो तुम्हें प्रमोशन मिली है इतनी जल्दी दूसरी......?"

विनीत जैसे पहले से ही जानता था कि उसके ताऊ जी उससे क्या पूछेंगे उनका वाक्य पूरा होने से पहले ही तपाक से बोला, "मैंने दूसरी कंपनी में इंटरव्यू दिया था। जब मेरे बॉस को इसका पता चला तो उसने मुझे यहाँ से नौकरी न छोड़ने की मिन्नत करते हुए जल्दी ही एक और प्रमोशन देने का आश्वासन दिया है।"

"ठीक है।"

"मैं आफिस में ओवर टाईम भी करने लगूँगा जिससे तीन चार हजार कहीं नहीं गए।"

"अच्छा।"

"इस ओवर टाईम के पैसों से गाड़ी की किस्त निकल जाएगी।"

"और अब जो गाड़ी के लिए लिमिट से ज्यादा पैसा लेना है उसके ब्याज का कैसे करोगे?"

"वह गुड़िया की पगार से हो जाएगा।"

"और हारी बीमारी तथा ऊपरी खर्चे?"

"ऊपरी खर्चे, कैसे ऊपरी खर्चे?" विनीत ने ऐसे मुँह बनाकर कहा जैसे वह जानता ही न हो कि ऊपरी खर्चे क्या बला होती है।

"गाड़ी कोई पानी से तो चलेगी नहीं।" अग्रवाल ने उसे उदाहरण दिया।

विनीत ने बड़े इत्मीनान से बताया, "ताऊ जी, वह भी हो जाएगा, मैं ट्यूशन जो कर रहा हूँ।"

जब अग्रवाल ने भांप लिया कि विनीत अपने ऊपर बहुत आश्वस्त है तो उसने उसे जाट भाषा में समझाने का प्रयास किया, "विनीत गाँव की भाषा में कहा जाता है कि "न सूत न कपास कोरिया से लठा लठी।"

"क्या मतलब?"

"मतलब यह कि अभी न तो तुम्हारी उन्नति हुई है, न तुम ओवर टाईम कर रहे हो परन्तु हिसाब पहले से ही लगा लिया कि ऐसे हो जाएगा, वैसे हो जाएगा?"

अग्रवाल ने अपने ऐसे विचार प्रकट करने के बाद जब विनीत का चेहरा निहारा तो उसे ऐसा महसूस हुआ जैसे विनीत मन ही मन कह रहा हो, "ताऊ जी मेरे भविष्य की बातों को सोचकर आप नाहक ही परेशान हो रहे हो। मैं जो कह रहा हूँ वैसा ही होगा।"

मौहल्ले तथा आस पड़ोस वाले तो क्या अग्रवाल भी असमंजस में था कि आखिर पुष्पांजली व विनीत इतनी शानो शौकत किस के दम पर दिखा रहे हैं और क्यों? अग्रवाल ने जब भांप लिया कि अब अगर उन्हें टोका न गया तो माँ बेटे की महत्त्वाकांक्षाओं के चलते शीघ्र ही वे ऋण में इतने लिप्त हो जाएँगे कि उनके घर वाले अच्छा खाना खाने के भी मोहताज हो जाएँगे, विनीत को समझाने के विचार से कहा, "विनीत जब तक ऋण जरूरत के लिए लिया जाए तब तक वह जायज और सुखद

लगता है परन्तु जब जरूरत हवस का रूप ले लेती है तो शूल बनकर चुभने लगती है। इसका एहसास तुम जल्दी ही करोगे।"

माँ बेटे को अपना भविष्य बहुत उज्जवल एवं हरा ही हरा दिखाई दे रहा था। विनीत ने जीवन की पतझड़ तो अभी देखी ही कहाँ थी। माँ बेटे की बढ़ती हवस ने अग्रवाल की चेतावनी का एहसास उन्हें जल्दी ही करा दिया। गाड़ी लेने के बाद विनीत एवं उसकी मम्मी के पैर जमीन पर पड़ने बंद हो गए। छोटे-छोटे काम निबटाने के लिए भी अब उनको गाड़ी की याद आने लगी थी। एक दिन विनीत अग्रवाल के पास आया और खुशी से झूमता हुआ बोला, "ताऊ जी आपको एक खुशखबरी देनी है।"

"अरे खुशखबरी वह भी पूछकर देनी है, जल्दी बता वह क्या है?"

"मुझे दिसम्बर से एक और उन्नति मिल जाएगी।"

"अरे वाह क्या कहने, बहुत खुशी की बात है। वैसे इस उन्नति के एवज में क्या वस्तु खरीदने का विचार है?" अग्रवाल ने सोचा कि वह उसके पैसा बचाने का आशय समझ जाएगा इसके विपरीत विनीत झट से बोला, "विजया को स्कूटी दिलवाऊँगा।"

अग्रवाल केवल इतना ही कह सका, "बहुत अच्छा।"

अपने चेहरे पर मधुर मुस्कान लाकर विनीत ने आगे कहा, "ताऊ जी जब से मैंने गाड़ी ली है मेरे बॉस में कुछ इन्फिरिओरीटी कॉम्पलेक्स आ गया है।"

"वह कैसे?"

"कह रहा था, पहले तो मकान बनवाया अब यह लंबी नई गाड़ी, लगता है तू तो पूरा टाटा-बिरला है।"

अग्रवाल ने विनीत का हौसला बढ़ाया, "यह तो सभी को दिख रहा है क्योंकि प्रत्यक्ष को प्रमाण की कोई जरूरत नहीं होती।"

विनीत उन्मुक्त हँसी हँसने लगा। अग्रवाल ने उसकी हँसी में विराम लगाते हुए नसीहत दी, "विवेक, अब दूसरों के अंदर अपने प्रति ऐसा भ्रम और साख को बचाए रखना अति आवश्यक है।"

अचानक पुष्पांजली बीमार पड़ गई। पहले से ही पैसों के मामले में कगार पर चल रहे परिवार के सामने विकट समस्या खड़ी हो गई। ऐसे में बैंक के कर्जे की किस्तों को जुर्माना भरकर रोकना पड़ा। गाड़ी की किस्त भरने के लिए पैसा बचा नहीं। अग्रवाल जो पहले ही अपनी तथा उनकी सामर्थ्य से बाहर तक का ऋण उन्हें दिला चुका था के सामने जाने की शायद विनीत की हिम्मत नहीं हुई, क्योंकि अग्रवाल के अनुभवों की चेतावनी के बावजूद उन्होंने अपनी इच्छाओं को दबाया नहीं था।

लगभग एक महीने बाद जब विनीत अग्रवाल के सामने आया तो उसका चेहरा एक मुरझाए हुए गुलाब की तरह प्रतीत हो रहा था। हमेशा मंद-मंद मुस्कान वाली आभा गायब थी। उसकी ऐसी स्थिति देख अग्रवाल ने उसे टटोला, "क्या बात है विनीत कुछ परेशान दिखाई दे रहे हो?"

"हाँ ताऊ जी।"

"क्यों क्या हुआ?"

"आप की शिक्षा "सहज पके सो मीठा होए' को न मानने का फल भुगतने लगा हूँ।"

"मतलब?"

"यहीं कि अचानक माँ की बीमारी के कारण इतना पैसा खर्च हो गया कि न तो बैंक की किस्त चुका पाया और न ही गाड़ी की किस्त जमा हो सकी।"

"फिर?"

"अपने एक दोस्त से 25000 रुपये उधार माँगे थे उसने भी अपनी असमर्थता जता दी।"

"तुम्हारे ओवर टाईम का क्या रहा?"

"वह तो प्रमोशन मिलने के बाद ही शुरू होना था।"

"अरे हाँ, तुम्हें उन्नति कब प्रदान की जा रही है?"

"समय तो हो गया है परन्तु कुछ पता नहीं चल रहा है कि कब मिलेगी?"

अग्रवाल को जीवन का बहुत तर्जुबा था। वह समझ गया था कि विनीत के बॉस ने अंदाजा लगा लिया होगा कि विनीत नामक चिड़िया जाल में फंस कर उड़ने में असमर्थ हो चुकी है। अब वह केवल फड़फड़ा ही सकती है। अर्थात् विनीत बहुत कर्जदार और पैसों के लिए मोहताज हो गया है। इसलिए अब अगर उसे प्रमोशन न भी दी गई तो वह उसके यहाँ से नौकरी नहीं छोड़ेगा। क्योंकि कंपनी से लिया कर्ज वह चुकता नहीं कर पाएगा। अपने मन का अंदेशा साबित करने के लिए अग्रवाल ने विनीत से प्रश्न किया, "तुमने अपने बॉस के सामने तो अपनी दुविधा का जिक्र नहीं कर दिया है?"

"कौन सी दुविधा?"

"रुपयों की?"

"कहा था परन्तु उसने भी अपने हाथ ऊपर खड़े कर दिए।"

विनीत के कहने से अग्रवाल को विश्वास हो गया कि अब से उसके बॉस के, विनीत की प्रमोशन के लिए, हाथ हमेशा ऊपर ही रहेंगे क्योंकि बॉस के सामने विनीत की टाटा-बिरला होने की पोल खुलकर उसकी लाचारी और हवस उजागर जो हो गई थी।

अचानक एक दिन राम सेवक के ऑफिस से एक पत्र आया। लिखा था आप छः महीने बाद रिटायर हो जाएँगे। घर वाले सभी सकते में आ गए। शायद राम सेवक की उसके कागजों में जन्म तिथि गलत लिखी थी। परन्तु अब क्या हो सकता था। रिटायर होने पर राम सेवक की अचानक आमदनी रूक जाने तथा पेंशन न मिलने से पुष्पांजली के परिवार को फाके करने की नौबत आ गई क्योंकि विनीत की पगार तो मकान, गाड़ी, स्कूटर, बैड तथा सोफे वगैरह की किस्त चुकाने में ही खत्म हो जाती थी।

पुष्पांजली को एक बार फिर अग्रवाल की याद आई। वह आई और गिड़गिड़ा कर पश्चाताप करने लगी, "भाई साहब आपने मुझे बहुत समझाया परन्तु मैंने अपने अंदर अहंकार के कारण अपनी हवस को पहचानने की भूल कर दी जिससे आज मैं धन के अभाव को झेल रही हूँ।"

अहंकार का पर्दापण

वह बोलती थी तो ऐसा लगता था जैसे उसके बोले हर शब्द से फूल झड़ रहे हों। वह कुछ काम करती तो बड़े कायदे एवम सलीके से करती थी। उसका व्यवहार प्रत्येक के साथ बिना किसी भेदभाव के सज्जनता तथा आदर सत्कार लिए होता था। घर की सफाई ऐसी कि हर वस्तु उसके उचित स्थान पर साफ-सुथरी रखी मिलती थी। उसका रंग गोरा, कद लम्बा, काले घुंघराले बाल, कजरारी आँखे, भरा-गढ़ा शरीर ऊपर से मतवाली चाल, रंग रूप ऐसा कि उसको देखते ही सामने वाला उसकी ओर आकर्षित होए बिना रह ही नहीं सकता था। घर का पूरा कार्य स्वयं निबटाने पर भी उस पर थकावट हावी नहीं हो पाती थी। उसका चेहरा हमेशा मंद-मंद मुस्कान लिए सुबह के ताजा गुलाब की तरह रौनक लिए रहता था। कहने का मतलब यह कि वह अपने नाम को हर मायने में सार्थक करती प्रतीत होती थी। अर्थात् पुष्पांजली अपने बोल, कर्म, वचन एवम व्यवहार से वास्तव में ही हर दृष्टि से पुष्पांजली ही प्रतीत होती थी।

ईश्वर की अनुकम्पा से उसकी अपनी कोख से, एक लड़का और एक लड़की के रूप में, दो सुन्दर सुमन अवतरित हुए ही थे। भगवान की उसके ऊपर असीम कृपा थी कि दोनों बच्चे पल बढ़ कर अच्छी शिक्षा पाकर नौकरी भी पा गए। जैसे माली अपने चमन में पेड़ पौधों पर लगते फल एवमं फूलों को दिन प्रतिदिन बढ़ता देखकर प्रसन्नता महसूस करता रहता है उसी प्रकार पुष्पांजली भी अपने बच्चों को जवान होते देख

खुशी से झूमती रहती थी। धीरे-धीरे उसने अपना एक आशियाना भी बना लिया था।

समय के साथ पुष्पांजली ने अपने परिवार की बेल बढ़ाने हेतू सोचना शुरू कर दिया। बड़ा लड़का विनीत 24 वर्ष का हो चुका था तो लड़की विजया 22 बसंत देख चुकी थी। पुष्पांजली ने अपने पति राम सेवक से विचार विमर्श करते हुए अपना मत प्रकट किया कि कोई अच्छा सा लड़का खोजकर पहले अपनी लड़की विजया की शादी कर दी जाए।

पुष्पांजली अक्सर बीमार सी रहती थी, और उसके पति राम सेवक एक पत्नी भक्त व्यक्ति थे। आलम यहाँ तक था कि अगर पुष्पांजली को कभी सिर में मामूली दर्द भी महसूस होता था तो राम सेवक अपनी पत्नी की सेवा सुश्रा के लिए अपने काम से भी छुट्टी कर लिया करता था। उस दिन वह घर पर रह कर चौका-चूल्हा के साथ-साथ कपड़े धोना एवम् घर की साफ़ सफाई तक का पूरा काम बखूबी निभाता था। अपनी पत्नी के प्रति ऐसी आस्था रखने वाले पति ने अपनी पत्नी को आराम मुहैया कराने हेतू उसे राजी कर लिया कि पहले वे अपने लड़के की ही शादी करेंगे।

पुष्पांजली और राम सेवक उत्तर प्रदेश और बिहार बार्डर के रहने वाले थे। वे देहली में 30-31 साल पहले आकर बसे थे। उनके दोनों बच्चे देहली में ही पैदा होकर पले बढ़े तथा पढ़कर अच्छी नौकरी पा गए थे। इस लिहाज से विनीत के लिए देहली से ही जाना पहचाना एक से बढ़कर एक अच्छा रिश्ता मिल सकता था परन्तु इसके विपरीत अपने घर में दूसरी औरत के आने मात्र के विचार से, चाहे वह उसकी अपनी ही पुत्रवधू ही आने वाली थी, पुष्पांजली का अहम उसके आड़े आ गया।

पुष्पांजली का शरीर सफेद गुलाब की तरह गोरा था। उसके नयन नक्श में आकर्षण था। वह देखने में सुन्दर एक हूर की परी की तरह मालूम पड़ती थी। कहते हैं की कोई भी व्यक्ति सर्व गुण सम्पन्न नहीं

कमी उसके आचरण से जुड़ी ही रहती है। पुष्पांजली, नारी कहलाने एवम् दिखने के बावजूद, अपने को अहम से बचा न सकी, वह अपनी त्रिया बुद्धि पर पार न पा सकी।

पुष्पांजली इस ख्याल से ही काँप उठी कि कहीं उसके लड़के विनीत की भार्या किसी मायने में भी उससे बीस न आ जाए, क्योंकि उसे डर था कि अगर ऐसा हुआ तो कहीं "मैं भी रानी तू भी रानी कौन भरेगा घर का पानी' की समस्या पैदा न हो जाए।

राम सेवक तो पत्नी भक्त था ही उसके बेटे विनीत की मातृ भक्ति उससे भी असीम थी। इसका फ़ायदा उठाते हुए पुष्पांजली ने अपनी भावनाओं को अमली जामा पहनाने के प्रयास शुरू कर दिए। उसने जल्दी-जल्दी बीमार होने का बहाना करना प्रारंभ कर दिया। अब कभी उसे भयंकर सिर दर्द होने लगा, कभी पेट दर्द तो कभी आवाज गुम हो जाने की शिकायत। राम सेवक और उसका बेटा उसकी तीमारदारी में दिन बिताने लगे। जब पुष्पांजली ने यह महसूस कर लिया कि उसने अपनी बीमारी का पक्का सिक्का जमा लिया है तो एक दिन वह अपने पति से बोली, "क्यों जी अपने विनीत के लिए आपको कैसी लड़की पसंद है?"

"बहू के साथ तुम्हारा समय ज्यादा बीतेगा अतः तुम देखो कि कैसी होनी चाहिए।"

"यहाँ देहली से लोगे तो उसके तो नखरे ही अलग होंगे।"

राम सेवक ने अपनी पत्नी की हाँ में हाँ मिलाते हुए, "बात तुम्हारी सही है।"

"अगर नौकरी वाली मिली तो घर का काम कौन करेगा क्योंकि उसके पास तो इन कार्यों के लिए समय होगा नहीं।"

"तुम्हारी यह बात भी सही है।"

"मेरी बीमारी की वजह से मुझ से पूरा होगा नहीं।"

"तुम्हारी यह बात भी सही है।"

पुष्पांजली कुछ तैश में, "यह भी सही है, वह भी सही है किए जा रहे हो, सुझाव कुछ देते नहीं।"

राम सेवक के मुँह से अचानक सत्य निकला, "मैंने सुझाव कब दिया है जो आज देने की हिम्मत करूँ।"

पुष्पांजली ने तुनक कर कहा, "अच्छा जी आज तक जो काम इस घर में हुए हैं सब मेरी मर्जी से ही हुए हैं?"

"इसमें कोई संशय नहीं है फिर भी आज सलाह देता हूँ कि शादी जैसे बड़े काम के लिए हमेशा बड़ों की सलाह लेना बेहतर रहता है।"

अपने मन में शंका का भाव लाकर पुष्पांजली ने पूछा, "क्या मतलब?"

"मतलब यह कि विनीत के बड़े पापा अर्थात् मेरे बड़े भाई साहब जी से सलाह लेना अच्छा रहेगा।"

पुष्पांजली तुनककर तथा हाथ नचाते हुए, "बस रहने दो, हमें ढंग का खाते तो वे एक पल देख नहीं पाते ऐसे मामले में वे हमें भला सलाह देंगे।"

"हमारी इंसानियत एवम फर्ज तो यही कहता है।"

पुष्पांजली अपना आपा खोकर अपने पति को उंगली दिखाकर, "चुप, बड़े आए इंसानियत और फर्ज वाले, वो भी उनके लिए, मेरा बस चले तो मैं उनको शादी की इतला भी न दूँ।"

राम सेवक ने अपने चिर परिचित अंदाज में कहा, "वह तो तुम्हारे तेवर देख कर ही लग रहा है।"

भाभी जी, विनीत के अग्रवाल ताऊ जी और ताई जी, से सलाह ले लेते हैं।"

"हाँ-हाँ उनसे तो सलाह जरूर लेंगे।"

"मेरे ख्याल से लड़की देखने के समय भी उन्हें साथ ले जाना उचित रहेगा?"

पुष्पांजली कुछ सोचकर, "वह तो समय ही बताएगा कि कैसा प्रोग्राम बनता है।"

"प्रोग्राम तो वैसा ही बनेगा जैसा हम चाहेंगे।"

"वह तो आपकी बात दुरुस्त है परन्तु समय बड़ा बलवान होता है।"

राम सेवक जो अपनी पत्नी के मन की बात नहीं समझ पा रहा था तथा सोच रहा था कि न जाने क्यों वह सीधे नहीं कह सकती की मैं ठीक कह रहा था कुछ झुंझला कर बोला, "तुम बार-बार यह समय को बीच में क्यों अड़ा देती हो?"

"ठीक ही तो कह रही हूँ अभी न तो कोई रिश्ता ही आया है न कहीं बात चल रही हैं।"

"अब रिश्ते तो आने ही हैं और हम शादी करने का विचार भी बना रहे हैं तो फिर कैसे करना है यह विचार तो बना ही सकते हैं।"

"वह भी बन जाएगा इतनी जल्दी क्या है।"

अपनी पत्नी की बात सुनकर राम सेवक असमंजस में था कि न जाने क्यों विनीत की शादी के बारे में किसी से सलाह लेने में पुष्पांजली

संकोच जाहिर क्यों करती है। वह अपनी पत्नी की मनोभावना को समझने में अपने को असमर्थ पा रहा था।

पुष्पांजली, शालिनी (अग्रवाल की पत्नी) को हमेशा यही जताती थी कि वह बहुत बीमार रहती है तथा कुछ ही दिनों की मेहमान है। धीरे-धीरे पुष्पांजली सीधी सादी, भोली भाली, निष्कपट, निःस्वार्थ शालिनी का विश्वास पाने में सफल हो गई। इसके बाद शालिनी ने पुष्पांजली की धन, मन, शरीर इत्यादि से जितना भी बन सका पूरी मदद की थी। अब पुष्पांजली ने शालिनी को अपनी जिठानी का रिश्ता नवाज कर आपसी रिश्ते का शुभारम्भ कर दिया।

ऊधर यह दिखाने के लिए कि पुष्पांजली राम सेवक की बात मानती है उसने एक बार अनमने मन से शालिनी से कहा, "जीजी जब विनीत के लिए लड़की देखने जाएंगी तो आप भी चलना।"

शालिनी ने यह सोच कि कहीं से विनीत का रिश्ता आया है पूछा, "क्यों कहीं से रिश्ता आया है क्या?"

"नहीं अभी तो नहीं पर जब भी आएगा।"

"तब की तब देखी जाएगी।"

पुष्पांजली ने अपना उल्हाना उतारने के लिए जोड़ा, "भाई साहब को भी चलना पड़ेगा।"

शालिनी ने अपना कोई जुम्मा न लेते हुए जवाब दिया, "समय पर उनसे तुम खुद ही कह देना।"

इस पर पुष्पांजली मन ही मन बुदबुदाई, "जब समय आएगा तो मैं उसका रूख ऐसे मोड़ दूँगी कि उसके आने की किसी को भनक भी नहीं लग पाएगी।"

इसमें कोई शक नहीं था कि पुष्पांजली अग्रवाल को बहुत आदर देती थी तथा हर पहलू पर उससे सलाह लेती थी इसलिए उसने एक दो बार

अनमने मन से विनीत की शादी में पूरा सहयोग देने के लिए अग्रवाल टीका जरूर, परन्तु उसको कार्यान्वित करने का मन नहीं बनाया। उसे डर था कि अगर उनके ऊपर फैसला छोड़ा गया तो मन उसकी घृणित चाल कामयाब नहीं हो पाएगी। अपने अहम के पुष्पांजली ने अपने आज्ञाकारी एवम् मातृ भक्त बेटे के जीवन की खुशियों को बहुत बौना आंका।

अहंकार एक भाव है जो मनुष्य में हमेशा विद्यमान रहता है। यह प्राकृतिक है। प्रायः पद, प्रतिष्ठा, धन, बल, विद्या, वैभव, रूप या यौवन प्राप्त होने के बाद मनुष्य अहंकारी हो जाता है। विद्वान अहंकारी हो सकता है परन्तु ज्ञानी नहीं। अहंकार मनुष्य के आंतरिक सौंदर्य, प्रेम, करूणा, सदाचार, परोपकार को घृणा के बादलों से ढक देता है।

एक बार रामसेवक तथा पुष्पांजली अपने गाँव किसी रिश्तेदार के यहाँ शादी में सम्मिलित होने गए थे। बातों ही बातों में एक व्यक्ति ने विनीत के रिश्ते की बात छेड़ दी। पुष्पांजली को जैसे मन की मुराद मिल गई हो। उसने बिना लड़की देखे, जाने पहचाने, गाँव की ग्वारिन समझ उस अनजान लड़की से अपने लड़के का रिश्ता जोड़ने की मन में ठान ली।

पुष्पांजली का एकमात्र ध्येय था कि उसकी पुत्र वधू किसी मायने में भी उससे इक्कीस नहीं पड़नी चाहिए। अतः सोचा कि गाँव की एक लड़की, रंग रूप, पहनने ओढ़ने, फैशन, बातचीत, सब्ज बाग, पढ़ाई लिखाई इत्यादि में कुछ खास न होकर दब्बू किस्म की आदर सत्कार करने वाली तथा उल्टा जवाब देने की हिम्मत नहीं रखती होगी। इन्हीं बातों के विचाराधीन पुष्पांजली के मन में लड्डू फूटने लगे क्योंकि उसके मन की मुराद पूरी जो होने जा रही थी। उसने यह भी जरूरी नहीं समझा कि अपने लड़के से तो उसकी मर्जी जान ली जाए। उसने लड़के को लड़की दिखाना तो दूर खुद भी लड़की के दीदार नहीं किए और रिश्ते की हाँ कर दी।

पुष्पांजली की रजामंदी से लड़की (रजनी) का पिता रितेश बहुत आश्चर्य चकित हुआ अतः उसने राम सेवक से अपना संशय खोला, "भाई साहब एक बार लड़के को....।"

पुष्पांजली रितेश का आशय समझ अपना हाथ नचाकर, "उसकी कोई जरूरत नहीं।"

रजनी की माँ कमला, "परन्तु बहन जी फिर भी एक बार तो...।"

पुष्पांजली पहले के अंदाज में, "न आपने हमारा लड़का देखा न हमने आपकी लड़की देखी।"

कमला ने एक बार फिर कोशिश की, "तभी तो कहना चाहती हूँ कि कम से कम दोनों एक बार मिल...।"

पुष्पांजली ने ऊँची गर्दन करके बड़े आत्म विश्वास से कहा, "मुझे अपने लड़के पर पक्का विश्वास है कि वह मेरी कोई बात नहीं टालेगा। क्या आपको अपनी लड़की पर नहीं है?"

कमला ने अपना प्रयास जारी रखा "बहन जी किस माता पिता को अपने बच्चों पर विश्वास नहीं होता फिर भी आजकल के प्रचलन के चलते यह जरूरी सा हो गया है।"

पुष्पांजली कहाँ मानने वाली थी बोली, "औरों के लिए हो गया होगा मेरे घर में ऐसा नहीं है।"

कमला ने लड़की की माँ होने के नाते सर्मपण करते हुए, "जैसी आपकी मर्जी।"

पुष्पांजली अपने चेहरे पर वियजी मुस्कान लाकर कमला की तरफ देखकर मन ही मन बुदबुदाई, "तुम क्या सोचती हो मैं अपने लड़के के विचारों को इतने पर लगने ही नहीं दूंगी कि वह कभी मेरे विचारों के खिलाफ जाने की हिम्मत कर सके।"

हालाँकि कमला ने अपनी तरफ से अपने बड़े लड़के की मार्फत जो देहली में ही काम करता था विनीत के बारे में पूरी तहकीकात कर ली थी तथा वह हर प्रकार से संतुष्ट थी परन्तु फिर भी विनीत की तरफ से वह अश्वस्त हो जाना जरूरी समझती थी।

पुष्पांजली के आचरण ने कमला को सोचने पर मजबूर कर दिया कि पच्चीस वर्ष से देहली शहर के वातावरण में रहने के बावजूद पुष्पांजली के विचार पुराने जमाने की तरह क्यों हैं। उसका पति राम सेवक भी इस मामले में चुप्पी क्यों साधे रहा।

कमला को विचारों में खोया देख पुष्पांजली बोली, "समधन जी चिंता मत करो मैं हूँ ना।"

"नहीं नहीं बहन जी, चिंता की कोई बात नहीं है बस मैं तो यही सोच रही थी क्या इस वर्तमान समय में भी ऐसी संतान हैं।"

पुष्पांजली ने कमला के कंधे पर हाथ रखकर तथा चेहरे पर एक कटु मुस्कान बिखेर कर आश्वासन दिया, "मेरे बच्चे बहुत आदर सत्कार करने वाले हैं। आप बेफिक्र रहें। एक बार मैंने हाँ कर दी तो वह पत्थर की लकीर है।"

इस पर कमला हाथ जोड़कर विनती करके, "अच्छा हमारे घर चलो। आप दोनों तो एक बार लड़की को अपनी नज़रों से निकाल लो।"

पुष्पांजली ने हाथ का इशारा किया, "कोई जरूरत नहीं है।"

इस बार रितेश ने कमला का साथ दिया, "नहीं नहीं मना मत करो। आप आए तो हुए हैं। आपको कल जाना है। अतः आपके पास समय भी है।"

पुष्पांजली ने टालने के लिहाज से, "परन्तु हम किसी तैयारी से तो आए नहीं हैं।"

"हम भी आपकी तरह हैं, हमने भी किसी प्रकार की तैयारी कहाँ की है।"

वैसे पुष्पांजली के मन के किसी कोने में रजनी को एक नजर देखने की लालसा हिलोरें मार रही थी क्योंकि वह आश्वस्त हो जाना चाहती थी कि उसकी होने वाली पुत्र वधू किसी मायने में कहीं उससे इक्कीस तो नहीं बैठती। अब पुष्पांजली ने अपने दिखावे को असली जामा पहनाने के लिए कमला से कहा, "अच्छा ठीक है, आप इतना जिद कर रही हैं तो कल जब हम जाएँगे तो रजनी को अपने साथ वहीं बस स्टाप पर ले आना।"

दोनों पक्षों के मन में धुक-धुक चल रही थी। कमला सोच रही थी कि लड़का पढ़ा लिखा, हष्ट पुष्ट, सुन्दर, अच्छे आचरण एवम् नौकरी लगा है। क्या वह मेरी बेटी रजनी जो सांवली, महज बारहवीं पास तथा गाँव के वातावरण में पली बढ़ी को आसानी से अपना लेगा।

पुष्पांजली सोच रही थी कि रजनी का रंग, रूप, नयन, नक्श और सुंदरता कहीं उससे बढ़कर न हो। फिर अपने आप ही उसे नकार देती कि नहीं नहीं गाँव की गंवार लड़की में इतना आकर्षण और सलीका कहाँ होगा कि वह मुझ से मुकाबला कर सके। इसी उधेड़ बुन में रात बीत गई और जाने का समय आ गया।

गाँव के बस स्टैंड पर जब पुष्पांजली ने रजनी को देखा तो उसकी बाँछे खिल उठी। एक बार गहरी नजर से उसने रजनी का मुआयना किया फिर अपने को ऊपर से नीचे तक निहारा। यह सोचकर उसकी गर्दन गर्व से ऊँची हो गई कि रजनी किसी मायने में भी उससे अव्वल नहीं है। पुष्पांजली ने रजनी को जाँच परखने का कायदा दिखाते हुए एक बार फिर रिश्ते की हाँ कर दी। राम सेवक ने अपनी पत्नी का अनुसरण किया और रजनी के पिता रितेश से गर्म जोशी से हाथ मिलाकर मुबारकबाद देने में देर नहीं की।

जैसे पुष्पांजली अपने कर्मो से अपने नाम को सार्थक करती थी वैसे ही उसकी पक्की सहेली शालिनी, अग्रवाल की पत्नी उससे दो कदम आगे थी। शालिनी शांत स्वभाव, शुद्ध विचारों वाली, ईश्वर में आस्था रखने वाली, निष्कपट, निःस्वार्थ भाव वाली तथा दूसरों की सच्चे मन, धन तथा तन से सहायता करने वाली सर्वगुण सम्पन्न स्त्री थी। परन्तु वास्तविकता यह थी कि पुष्पांजली और शालिनी के जीवन में बहुत बड़ा अंतर था। पुष्पांजली, "उतने पैर पसारिये जितनी चादर होए" वाली कहावत पर विश्वास नहीं रखती थी तभी तो वर्तमान में हाथ में पैसा न होते हुए भी उसे शानौ शौकत में रहने की आदत थी। इसी कारण, हालाँकि उसके घर के तीन सदस्य कमाते थे, महीने के आखिरी दिनों तक वह ठनठन गोपाल हो जाया करती थी। उसे अपनी जवान बेटी भी सामने खड़ी शादी के लिए तैयार दिखाई देती थी और भारी लिए कर्ज को चुकाने की भी चिंता थी परन्तु अपने रहन सहन के ढंग में कोई बदलाव लाने के खिलाफ थी चाहे उसे उसकी कितनी भी कीमत क्यों न चुकानी पड़े।

शालिनी एक साधारण, सादा एवम् चिंता मुक्त जीवन जीने की पक्षधर थी। उसे बाहरी आडम्बरों तथा दिखावे में विश्वास नहीं था। वह पैसे को पैसा समझ कर चलती थी तथा भविष्य के लिए कुछ बचाकर भी रखती थी। उसके घर में सुख सुविधाओं का हर सामान मौजूद होने के बावजूद उस पर किसी प्रकार का कोई कर्जा नहीं था।

शालिनी अपनी सहेली पुष्पांजली को अपना समझकर, फिलहाल जब तक उसका कर्जा नहीं उतर जाता, फिजूल खर्ची से बचने की बहुत सलाह देती थी परन्तु पुष्पांजली पर इसका कोई असर नहीं होता था। वही नहीं उस घर के सभी सदस्य इस मामले में एक से बढ़कर एक थे। पुष्पांजली ने मकान के लिए कर्ज लिया, राम सेवक ने फर्नीचर कर्ज पर ले लिया, लड़का पहले तो मोटर साईकिल लाया फिर कार के लिए भी कर्जा सिर पर चढ़ा लिया, लड़की पीछे कहाँ रहने वाली थी उसने अपने लिए ऋण पर स्कूटी खरीद ली।

शालिनी अपनी जवानी के समय काफी सुन्दर थी परन्तु उसने इसे अपने दिमाग पर कभी हावी नहीं होने दिया। क्योंकि वह यह सोचकर जीती थी कि प्रकृति का नियम है कि समय के साथ सब कुछ बदल जाता है अतः अपनी किसी चीज पर गुमान नहीं करना चाहिए। इसके विपरीत पुष्पांजली को, जिसका खुलासा उसकी पुत्रवधू के आ जाने के बाद शुरू हुआ, अपने रूप लावण्य का बहुत अहंकार था। वह इसे संसार की सबसे बेशकीमती ईश्वरीय देन समझती थी जैसे वह सदा उसके पास रहेगा। अपने सामने बैठी अपनी बूढ़ी होती सहेली के चेहरे को देखकर भी अहंकार वश उसे ज्ञान नहीं आया। उसकी इसी अज्ञानता के चलते आगे चलकर उसके घर में कलह का साम्राज्य स्थापित हो गया।

वैसे पुष्पांजली जब तक अपने मन की बात अपनी सहेली को बता न लेती थी उसे उबकाईयाँ सी आती रहती थी। यहीं कारण था कि अपने गाँव से लौटने वाले दिन ही वह शालिनी के पास जा पहुँची। उसे अपनी खुशी सहन नहीं हो पा रही थी अतः दरवाजे में घुसते ही बोली, "जीजी मुबारक हो।"

शालिनी जिसे बात का सिर पैर ही नहीं पता था, "किस बात की मुबारकबाद?"

पुष्पांजली चहकते हुए, "आपके लड़के का रिश्ता पक्का कर दिया।"

शालिनी अपने चेहरे पर शरारती मुस्कान लाकर, "मेरे तो दोनों बेटे ब्याहे हुए है फिर तूने किसका रिश्ता पक्का कर दिया?"

पुष्पांजली झेंपकर, "जीजी आप भी, मैंने विनीत का रिश्ता पक्का कर दिया है।"

शालिनी ने आश्चर्य चकित होकर उतावलेपन से पूछा, "कब, कैसे और किसके साथ?"

"एक शादी में अपने गाँव गई थी न वहीं बात चली और कर दिया।"

“विनीत भी साथ गया था क्या?”

“नहीं।”

“फिर।”

“विनीत मेरे से बाहर थोड़े ही जाएगा।”

“ठीक है वह आज्ञाकारी है परन्तु उसे अपना जीवन साथी चुनने का हक तो देना ही चाहिए था।”

“जीजी उसने कुछ बुरा नहीं माना।”

“अभी बुरा मानेगा भी नहीं क्योंकि भाई साहब की तरह मातृभक्त से पत्नी भक्त बनने में उसे कुछ समय तो लगेगा ही।”

पुष्पांजली ने मन ही मन कहा, “पत्नी भक्त तो तब बनेगा जब मैं उसे बनने का मौका दूँगी।”

विनीत की शादी से पहले टीका चढ़ाने का प्रोग्राम रखा गया। वधू पक्ष के सदस्यों के ठहरने के स्थान पर पुष्पांजली पक्ष के व्यक्ति इकट्ठा हुए। जैसा कि होता है वधू को निहारने की जिज्ञासा सभी के मन में हिलोरें मार रही थी। सभी यह सोच रहे थे कि पुष्पांजली ने अगर अपने से सुन्दर नहीं तो कम से कम अपने लड़के के लिए अपने जैसे रूप लावण्य की लड़की तो चुनी ही होगी।

जब होने वाली दुल्हन सामने आई तो सब की आशाएँ धराशाही हो गई। विनीत पक्ष के सभी मेहमानों में एकदम कानाफूसी की लहर दौड़ गई। सबके अपने मत थे।

“विनीत तो इतना सुन्दर है दुल्हन तो उसके सामने कुछ भी नहीं”

“विनीत का रंग कितना गोरा है रजनी तो सांवली है”

“विनीत तो गबरू जवान दिखता है दुल्हन तो अलसाई सी है”

“दुल्हन से अच्छी तो दुल्हन की सास लगती है”

"कहाँ राजा भोज और कहाँ गंगू बाई' इत्यादि।

किसी ने विनीत से ही पूछ लिया, "तुम्हारा क्या मत है?"

विनीत ने बनते हुए, "किसके बारे में?"

"जिससे बंधने जा रहे हो?"

विनीत अनमने मन से, "जैसा माँ बाप ने कर दिया ठीक है।"

विनीत की रग पहचान कर, "लगता है हमारी तरह पहली बार देख रहे हो?"

"ऐसा ही समझ लो।"

"हाँ और समझ लो में तो बहुत अंतर है?"

विनीत थोड़ा झल्लाकर, "हाँ पहली बार देख रहा हूँ।"

आए हुए मेहमानों में से किसी को भी विनीत और रजनी की जोड़ी पंसद नहीं आई थी। शायद यही हाल विनीत का भी था परन्तु दिल से मातृ भक्त होने के कारण वह कुछ बोल नहीं पा रहा था।

पुष्पांजली ने अपने लड़के विनीत की शादी बड़ी धूमधाम से सम्पन्न कराने की ठान ली। इसके बारे में उसने अग्रवाल से सलाह मशवरा किया। भाई साहब चढ़त के लिए क्या करना ठीक रहेगा?"

"चढ़त सीधे घर से पंडाल तक की ठीक रहेगी।"

पुष्पांजली कुछ अनमने मन से, "यहाँ तो बग्घी आएगी नहीं।"

"यह तो दिख ही रहा है कि सड़क बहुत उबड़ खाबड़ है।"

"तो फिर क्या किया जाए?"

पुष्पांजली के कहने मात्र से ही यह तो अंदाजा लग गया था कि शालिनी चढ़त के लिए बग्घी चाहती है इसलिए कहा, "अगर बग्घी जरूरी है तो पैसा दोगुना लग जाएगा।"

पुष्पांजली अपने चेहरे पर कुछ संतुष्टि के भाव लाकर, "कैसे?"

"घर से घोड़ी पर तथा आगे जहाँ से सड़क ठीक है बग्घी कर ली जाए।"

पुष्पांजली खुश होकर, "भाई साहब आपने तो मेरी समस्या एक दम से हल कर दी।"

"ऐसा करने के लिए हमें उस जगह नाश्ते-पानी का भी इंतजाम करना पड़ेगा जहाँ घोड़ी से बग्घी बदली जाएगी।"

पुष्पांजली अपनी शानौ शौकत दिखाने में किसी प्रकार की कोई कमी नहीं छोड़ना चाहती थी। अग्रवाल जानता था कि वह आमदनी अठन्नी खर्चा रुपया वाली कहावत चरितार्थ कर रही है परन्तु भविष्य में अपने मनोभावों की आपूर्ति के लिए ऐसा करना वह जरूरी समझ रही थी। इसलिए पुष्पांजली ने बिना सोचे समझे वैसा करने की हामी भर दी।

विनीत की चढ़त के लिए चार घोड़ों की बग्घी का इंतजाम कराया गया। इसके बावजूद पुष्पांजली के चेहरे पर संतुष्टि के भाव नजर न देख अग्रवाल ने पूछा, "अब क्या कसर रह गई?"

पुष्पांजली कुछ झिझक के साथ, "भाई साहब बहू पांडाल में कैसे प्रवेश करेगी?"

"मतलब?"

"मतलब यहीं कि लड़का तो बग्घी से पहुँचेगा तो रजनी वहाँ कैसे पहुँचेगी?"

अग्रवाल पुष्पांजली के दिल की उड़ान से अभिनज्ञ साधारण तौर पर बोला, "जैसे अमूमन लड़कियाँ अपनी सहेलियों के साथ आती हैं।"

पुष्पांजली बुरा सा मुँह बनाकर, "भाई साहब क्या यह जंचेगा?"

"क्यों?" फिर कुछ सोचकर, "तुम्हारे मन में क्या है?"

पुष्पांजली कुछ शर्माकर तथा मुख पर मुस्कान लाकर धीरे से बोली, "अगर दुल्हन को पालकी में लाया जाए तो कैसा रहेगा?"

अग्रवाल जानता था कि पुष्पांजली ने अपनी आर्थिक स्थिति को कभी नहीं आंका। वह अंजाम की परवाह न करते हुए अपने मन की धारणा को पूरा करने में कोई कसर नहीं छोड़ती थी। वैसे भी इस समय भविष्य में अपनी भावनाओं को अमली जामा पहनाने के लिए इससे सुनहरा मौका और क्या हो सकता था। वह अपनी दुल्हन के दिमाग में यह बैठा देना चाहती थी कि वह उसे बहुत चाहती है। अत: दुल्हन को पांडाल में लाने के लिए चार कहारों द्वारा उठाई जाने वाली डोली मंगाई गई। वह सभी को यह दिखाने में सफल हो गई कि वह अपनी पुत्र वधू से बहुत प्यार करती है।

इसके बाद अग्रवाल ने वैसे ही कहा, "अब तो मन की सब पूर्ति हो गई या...?"

अग्रवाल का वाक्य पूरा भी नहीं हुआ था कि पुष्पांजली ने जोड़ा, "भाई साहब आपकी दुआ से वैसे तो सब ठीक हो गया परन्तु जयमाला स्टेज की बजाय अगर घूमने वाले स्टेज पर हो जाती तो सोने में सुहागा हो जाता।"

इस बार अग्रवाल जो पुष्पांजली की आर्थिक स्थिति से बखूबी वाकिफ था सलाह दी, "देखों बग्घी और पालकी ने तुम्हारा बजट पचास हजार पहले ही बढ़ा दिया है अब दस बारह हजार और बढ़ जाएँगे।"

पुष्पांजली उदासीनता से गर्दन नीची करके कहने लगी, "भाई साहब ऐसे मौके जीवन में एक बार ही आते हैं और यादगार बनकर हमेशा साथ बने रहते हैं।

अग्रवाल के पास जवाब में देख लो कहने के अलावा कोई चारा नहीं था।

जयमाला के लिए घूमने वाली स्टेज बनवाई गई। पुष्पांजली स्वयं एक दुल्हन सी दिख रही थी। बम पटाखों की भरमार थी। दारू पानी की तरह बहाई जा रही थी। फार्म हाऊस महल सा चमक रहा था। ऐसा माहौल था जैसे शहर के किसी धनाढ्य व्यक्ति के लड़के की शादी हो रही हो।

रितेश के परिवार एवम उनके रिश्तेदारों ने शादी के ऐसे मन भावने वातावरण का सपनों में भी नहीं सोचा था। वे सभी प्रशंसा करते नहीं थक रहे थे। पुष्पांजली रजनी को अपनी पुत्रवधू बनाकर अपने घर ले आई। घर के सभी सदस्यों एवम् मेहमानों ने रजनी का भावभीना स्वागत किया। रजनी की सुहाग रात भी हर्षोल्लास से बीत गई।

रजनी अब अपने पति के अगले कदम का इंतजार करने लगी। रह रहकर, यह सोचकर उसके मन में गुदगुदी उठ रही थी कि अब वह अपने पति के साथ हनीमून पर जाएगी तो कितना मजा आएगा। मन ही मन वह जाने की जगह चुनती तथा वहाँ कैसे क्या करना है इसकी प्लानिंग बनाती। एक, एक दिन उसे एक साल के बराबर लगने लगा। देखते ही देखते एक सप्ताह बीत गया। नई नवेली दुल्हन रजनी का खुमार उतरता जा रहा था। अपनी आशा को निराशा में परिवर्तित होते जान उसने अपने पति विनीत से अपने मन की इच्छा जाहिर की, "क्यों जी कहीं घूमने जाने का इरादा नहीं है क्या?"

"मन में तो मेरे भी बहुत है।"

"फिर अड़चन क्या है?"

"माँ की तबियत।"

"क्यों, माँ की तबियत को क्या हो गया?"

"तुम्हें पता नहीं उसका स्वास्थ्य अचानक बिगड़ जाता है और बोलती बंद हो जाती है।"

"परन्तु जब से मैं इस घर में आई हूँ ऐसा तो कुछ नहीं हुआ?"

"ऐसा कुछ नहीं कि वह कितने दिन बाद होता है परन्तु जब होता है तो अचानक कभी भी हो जाता है।"

अभी तक रजनी शायद समझ चुकी थी कि उस घर में करता धरता पुष्पांजली ही है तभी उसने अपने ससुर की न कहकर अपनी सास का नाम लिया, "इस बारे में आपने माँ से जिक्र किया?"

"मैं भला कैसे जिक्र कर सकता हूँ?"

"और अपने आप उन्होंने सोचा नहीं?"

विनीत थोड़ा खीजकर, "रजनी क्या हो जाएगा अगर हम हनीमून पर नहीं जाएँगे?"

विनीत के विचार सुनकर रजनी ने अपनी भौएँ चढ़ाकर टेढ़ी नज़रों से देखकर तपाक से कहा, "होता तो तब भी कुछ नहीं अगर आप शादी न करते।"

अपनी नई नवेली दुल्हन द्वारा शादी पर टोंट ने विनीत के कान खड़े कर दिए। कुछ पल आश्चर्य चकित खड़ा वह एक टक रजनी का चेहरा देखता रह गया। उसने भी अपनी मम्मी जी की तरह रजनी को एक गाँव की गंवार, सीधी सादी और भोली लड़की ही आंका था जो बंद जबान सभी का कहा मानना ही अपना फर्ज समझेगी। विनीत को ऐसा लग रहा था जैसे उसकी अपनी जबान उसके कंठ से नीचे उतर गई थी। जब उससे कोई जवाब न बन पड़ा तो वह लम्बे पग भरता हुआ कमरे से बाहर निकल गया।

समझो घर में कलह का पर्दापण हो गया था।

धीरे-धीरे रजनी ने महसूस किया कि पुष्पांजली के साज-श्रृंगार, ओढ़ने-पहनने तथा रहन-सहन में तो कोई अंतर नहीं आया परन्तु उसकी

बीमारी दिन प्रतिदिन बढ़ रही है। पुष्पांजली की बीमारी के बढ़ते उनका पूरा मेकअप करके बिस्तर पर बैठने का समय भी बढ़ता जा रहा था। धीरे-धीरे झाडू पौचा करने वाली बाई की छुट्टी कर दी गई।

राम सेवक, विनीत तथा ननद विजया सुबह अपने काम पर निकल जाते। बीमारी का बहाना बनाकर पुष्पांजली ने सब काम करने छोड़ दिए। अब घर के सभी कामों की जिम्मेदारी रजनी पर आ गई। नौबत यह आ गई कि पुष्पांजली ने बिस्तर पर बैठे बैठे, जब कभी भी रजनी को थोड़ा भी सुस्ताते पाया, उस पर हुक्म चलाना शुरू कर दिया, "रजनी देख नहीं रही घर कितना गंदा दिख रहा है।"

रजनी ने संयम बरता, "हाँ देख रही हूँ मम्मी जी।"

पुष्पांजली तैश में, "दिख रहा है तो बैठी क्यों है?"

थकी हारी रजनी ने पूछा, "मम्मी जी क्या यह काम भी रोज मुझे करना पड़ेगा?"

पुष्पांजली अपना आपा खोकर, "नहीं तो क्या तेरा बाप आएगा यह काम करने?"

बाप का नाम सुनकर रजनी बौखला गई फिर भी उसने अपने आप को संभाला और आराम से चेतावनी देकर कहा, "मम्मी जी, मेरे बाप तक पहुँचने की गुस्ताखी मत करो।"

पुष्पांजली हेकड़ी दिखाकर, "पहुचुँगी, तू मेरा क्या कर लेगी?"

रजनी ने एक बार फिर समझाने के लिहाज से कहा, "मम्मी जी करने को तो मैं बहुत कुछ कर सकती हूँ। परन्तु मैं अपने माँ-बाप के उन शब्दों से बंधी हूँ जब विदा के समय उन्होंने मुझे शिक्षा देते हुए समझाया था कि बेटी कुछ भी करना मगर अपने सास-ससुर एवम् पति से ऊँचे स्वर में जबान मत लड़ाना, इसलिए आराम से बता रही हूँ कि मैं झाड़ू पौचा नहीं करूँगी।"

पुष्पांजली अपने पुराने अंदाज में, "तो फिर तू यहाँ किस लिए आई है?"

"आपका लड़का ब्याह कर लाया है मुझे।"

"विनीत ब्याह कर लाया है तो क्या पटरानी बनकर मेरे सिर पर बैठेगी?"

"बैठूँगी तो वहीं जहाँ मेरा स्थान है परन्तु नौकरानी की तरह नहीं।"

"अपने घर के काम करने को तू नौकरों का काम मानती है?"

"जो काम मेरे करने के थे मैंने बिना किसी हुज्जत के अपने आप कर लिए हैं परन्तु अब जो आप कह रही हैं वे तो नौकरों के ही काम है।"

पुष्पांजली से रजनी की बात सहन न हुई अतः भड़क कर बोली, "तेरा बाप बड़ा धन्ना सेठ है तो उससे ही कह दे कि दो चार नौकर भेज दे।"

"अपने लिए तो वे धन्ना सेठ हैं ही तभी तो उनके यहाँ इन कामों के लिए नौकर हैं।"

पुष्पांजली लगभग चीखकर ऊँगली दिखाकर गरजी, "अपनी बकवास बंद कर और काम पर लग जा।"

अबकी बार रजनी ने भी अपनी ऊँगली अपनी सास की तरफ उठाकर कहना शुरू किया, "बकवास मैं नहीं बकवास आप...।"

रजनी की बढ़ती निडरता को भाँप कर पुष्पांजली का पारा इतना चढ़ा कि वह बिस्तर से उठी और रजनी के गाल पर दो चांटे रसीद कर दिए। पुष्पांजली ने घर में कलह का बिगुल बजा दिया था। अब रजनी और पुष्पांजली के बीच रोजाना किसी न किसी बात पर तनातनी हो जाती और पुष्पांजली अपना हाथ उठाने से न चूकती।

पत्नी भक्त राम सेवक और मातृ भक्त विनीत हमेशा पुष्पांजली का पक्ष लेते। फिर भला रजनी की ननन्द विजया पीछे कैसे रह सकती थी। अर्थात् उस घर में रजनी की सुनने वाला तथा उसका साथ देने वाला कोई नहीं था। घर का पूरा काम करने तथा सास के चांटे खाकर भी उसने अपने को उस घर में स्थापित करने की भरपूर कोशिश की परन्तु घर की मुखिया सास को रिझाने में सफल न हो सकी। यह उसकी समझ से बाहर की बात थी कि उसकी सास आखिर चाहती क्या थी।

निराश, हताश होकर एक दिन अपनी नारकीय जिंदगी से निकलने के लिए, जब घर के सारे सदस्य एक साथ बैठे थे, रजनी ने बड़े ही निर्मल भाव से अपने पति विनीत से कहा, "जी, मुझे तलाक चाहिए।"

रजनी के मुँह से तलाक शब्द को सुनते ही सब घर वालों की सिट्टी पिट्टी गुम हो गई। उन्होंने सपने में भी नहीं सोचा था कि एक गाँव की गंवारिन ऐसे शब्द को जानती भी होगी। इसलिए विनीत ने आगे बढ़कर रजनी को झकझोरते हुए पूछा, "इसका मतलब जानती हो तुम क्या कह रही हो?"

रजनी को जैसे अपने कहे पर कोई ग्लानि नहीं थी फिर भी सहजता से उत्तर दिया, "हाँ मैं अच्छी तरह जानती हूँ कि मैं क्या कह रही हूँ।"

रजनी की इस अप्रत्याशित रूप से दी गई धमकी ने विनीत की हालत पतली कर दी। वह निढाल सा रजनी के सामने से हट गया तथा अपने आप बुदबुदाया, "अब तो पानी सिर से ऊपर निकल गया है। जल्दी कुछ करना पड़ेगा।"

विनीत कुछ सोचकर अपने ताऊ जी के पास पहुँच गया और आज की पूरी कहानी सुनाकर बोला, "ताऊ जी अब इस बारे में जल्दी कुछ करों।"

"तुम्हारा जल्दी कुछ करने का क्या अभिप्राय है?"

"यहीं कि सास बहू की तकरार जल्दी खत्म करो।"

विनीत के सास बहू की तकरार के कहने से अग्रवाल को इतना तो निश्चित हो गया था कि वह तलाक नहीं चाहता था तथा वह भी सास बहू के बीच होने वाली रोज की तकरार से दुखी था। इसके बाद अग्रवाल विनीत के साथ उसके घर पहुँचा। वातावरण बहुत तनावपूर्ण था। सभी का एक दूसरे के प्रति पारा चढ़ा हुआ था। अग्रवाल को आया देख रजनी रोती हुई उसके पास आई तथा चरण पकड़कर बोली, "ताऊजी मुझे इस नरक भरी जिंदगी से छुटकारा दिला दो।"

रजनी के ऐसा कहने पर पुष्पांजली भड़क उठी, "मेरे घर को नरक कह रही है, तू तो बड़ी हूर की परी महलों में रहती थी?"

राम सेवक अपनी पत्नी का पक्ष लेकर बोला, "यह रजनी पक्की काम चोर है। इस घर में काम ही कितना है। विनीत, विजया तथा मैं सुबह ही निकल जाते हैं। यह तो सारा दिन आराम ही करती है। एक वक्त रात का खाना बनाने में भी इसे दिक्कत आती है।"

पुष्पांजली चिल्लाई, "अपने घर का झाड़ू, पौचा, चौका, बर्तन और कपड़े इत्यादि काम करने में भी इसकी नानी मरती है। यह तो नहा धोकर और श्रृंगार करके बस पलंग पर बैठना चाहती है।"

विजया एवम विनीत ने भी कई ऐसी बातें बताई जो रजनी के आचरण पर धब्बा लगाती थी। इन सबकी सुनने के बाद अग्रवाल ने रजनी से उसके दिल तथा व्यवहार के बारे में जानने हेतू उससे पूछा, "रजनी बेटा, आप भी अपने मन की कुछ कहो?"

रजनी चुप रही परन्तु अग्रवाल के बार-बार पूछने पर उसने अपनी जबान खोली, "मैं अपनी व्यथा आपको अकेले में बताऊँगी।"

पुष्पांजली अपना हाथ नचाकर गुर्राई, "नहीं जब हम सामने बता रहे हैं तो तू क्यों अकेले में बताएगी?"

जब रजनी अपनी बात पर अड़ी रही तो राम सेवक ने बात को मानने के लिहाज से पुष्पांजली की ओर मुखातिब होकर कहा, "कर लेने दो अकेले में बात।"

इतना सुनते ही पुष्पांजली आपे से बाहर हो गई और अपने पति की ओर आँख निकालकर गुस्से में ऊँगली दिखाते हुए गरजी, "आप होते कौन हो मेरे घर में मुझे हिदायत देने वाले?"

रामसेवक मिम्याकर, "मैं होता कौन हूँ?"

अब पुष्पांजली ने कुर्सी से उठकर और भी विकराल रूप धारण करके अपने पति को चेतावनी दी, "खबरदार, यह घर मेरा है।" फिर चुटकी बजाकर तथा दरवाजे की ओर इशारा करके, "अगर आप से चुप नहीं रहा जाता तो इसी वक्त निकल जाओ मेरे घर से।"

पुष्पांजली का भैरवी रूप देखकर सभी सकते में आ गए। अग्रवाल को भी सोचने पर मजबूर होना पड़ा कि जो औरत अपने पति के साथ ऐसा सलूक कर सकती है तो वह मुझे क्या बख्शेगी अगर उसने उसके खिलाफ कोई निर्णय लिया। अग्रवाल एक न्याय प्रिय तथा निडर प्रवृत्ति का व्यक्ति था। पुष्पांजली का अप्रत्याशित आचरण उसके ध्येय को डिगा नहीं सकता था। परन्तु वह यह सोचकर चुप बैठा रहा कि वह उनके घर का आपसी मामला है। अगर वे राजी होंगे तभी वह रजनी से अकेले में बात करेगा।

इतने में पुष्पांजली ने अपने दिल का राज बयाँ किया, "भाई साहब अपने पूरे विवाहित जीवन के दौरान मैंने इनकी दो बात मानी और इन दोनों मौकों पर मुझे बेइन्तहा हानि और दुःख उठाना पड़ा।"

"वे क्या?"

पहली तो यह कि जब हमने मकान बनवाना शुरू किया था तो इन्होंने अपने गाँव के एक सप्लायर से बिना कुछ ठहराए मकान का सामान लेना शुरू कर दिया।"

रामसेवक बीच में बोला, "भाई साहब आपको तो पता ही है कि हमारी आर्थिक स्थिति कमजोर थी। उसने माल उधार देने की हामी भर ली थी।"

पुष्पांजली अपने पति को मुँह चिढ़ाकर, "हामी भर ली थी, यह भी देखा था कि वह हर जगह हमें लूट रहा था?"

"कैसे?"

"भाई साहब एक तो वह माल के रेट ऊल-जलूल लगा रहा था दूसरे निम्न क्वालिटी दे रहा था तीसरे पूरा माल भी नहीं दे रहा था।"

अग्रवाल ने पुष्पांजली का पक्ष लेकर कहा, "यह तो वाजिब है कि पूरी जाँच पड़ताल करके ही माल डलवाना चाहिए था।"

इसके बाद अपने बेटे विनीत की दुल्हन का ठीकरा भी अपने पति पर फोड़ते हुए बोली, "इस रजनी का हमारे घर में आगमन भी इन गुरू घंटाल के कारण ही हुआ है।"

"वह कैसे?"

भाई साहब हम तो अपने रिश्तेदार की शादी में अपने गाँव गए थे। वहाँ आपस में बात चलने लगी तो ये पिघल गए। कहने लगे, "लड़की मेरे गाँव के पास की है। नजदीक का रिश्ता अच्छा रहता है। हमें भी आराम रहेगा। जब भी गाँव आएँगे समधाने का लुत्फ मिलेगा। ऐसी न जाने कितनी बाते कही। इन्होंने मेरी एक न सुनी।"

अग्रवाल ने पूछा, "वैसे तो आप कहती हैं कि पूरे विवाहित जीवन के दौरान आपने इनकी कोई बात नहीं मानी परन्तु ऐसे दोनों मौकों पर जब तुम्हें बात नहीं माननी चाहिए थी आप ने कैसे और क्यों मान ली?"

इस पर पुष्पांजली चुप रह गई। अग्रवाल ने मन ही मन कहा, "मैं जानता हूँ तुम अपने पैरों पर खुद कुल्हाड़ी नहीं मारना चाहती थी तुम दूसरों के कंधे पर बन्दूक रखकर चलाना अच्छी तरह जानती हो। राम

सेवक के कारण तुम्हारे मन में लड्डू फूट रहे होंगे कि तुम्हें बिना माँगे मन की मुराद मिल रही थी।"

अग्रवाल ने अचानक पूछा, "वैसे तुम तो हर वस्तु जाँच परख कर लेती हो फिर तुमने एक बार भी नहीं सोचा कि विनीत से तो सलाह कर लेनी चाहिए।"

पुष्पांजली अफसोस जाहिर करके, "भाई साहब पता नहीं उस समय मेरी बुद्धि कहाँ चली गई थी।"

पुष्पांजली शायद यह सोचकर कि कहीं उसकी मनोदशा का भंडा न फूट जाए उसने जल्दी से कह दिया, "अच्छा आप रजनी से अकेले में बात कर लो।"

और पुष्पांजली के साथ सभी कमरे में अग्रवाल तथा रजनी को अकेला छोड़कर बाहर निकल गए।

अग्रवाल ने अब बड़ी सहानुभूति दिखाते हुए रजनी से पूछा, "हाँ बेटा, अब बताओं कि घर में कलह का कारण क्या है?"

रजनी ने बेझिझक सीधा जवाब दिया, "ताऊ जी, इन्हें अपने घर को चलाने के लिए एक नौकरानी की जरूरत थी न कि बहू की।"

"आप ऐसा क्यों अनुभव करती हैं?"

"क्योंकि ये रात की ड्यूटी करते हैं। दिन में सोते हैं। मेरा सारा दिन खाना बनाने, कपड़े धोने, स्त्री करने, घर की साफ-सफाई तथा नौकरों जैसे निम्न वर्ग के काम अर्थात् झाड़ू पौचा लगाने इत्यादि में निकल जाता है। इतने पर भी मुझे थोड़ा आराम करते देख सास के ताने, दुत्कार और चपत सहने पड़ते हैं।"

अग्रवाल ने रजनी को समझाया, "बेटा, अपने घर के काम करने में तो कोई बुराई नहीं है। हाँ ताने, दुत्कार एवम् चपत लगाना बिल्कुल गलत है। मैं उन्हें समझाऊँगा।"

"ताऊ जी यह तो सर्व विदित है कि प्रत्येक लड़की अपनी ससुराल में कुछ मीठे सपने संजोकर आती है और उन सपनों को साकार करने के लिए पति पत्नी को एक दूसरे को जानना बहुत जरूरी होता है। इसके लिए दोनों को एकांत तथा समय मिलना भी आवश्यक होता है। मैं जब से इस घर में आई हूँ हनीमून की बात तो दूर रही मैं इस घर की चार दीवारी से अकेले इन के साथ कभी बाहर नहीं गई हूँ।"

"ताऊ जी एक और बात, वैसे तो ये कहती हैं कि बीमार हैं।"

"तुम्हे शक क्यों है?"

"ताऊ जी बीमार आदमी को क्या इतना भारी श्रृंगार करते कभी आपने देखा है?"

"साफ सफाई तो रखनी ही चाहिए।"

"ताऊ जी साफ सफाई रखने और श्रृंगार करने में बहुत फर्क है।"

"तुम्हारे कहने का तात्पर्य क्या है?"

"मेरी सास, बीमार होने के बावजूद, सुबह सवेरे से श्रृंगार करना शुरू कर देती है और यह तब तक चलता रहता है जब तक मेरा घर का काम खत्म नहीं हो जाता।"

अग्रवाल रजनी की बातों का कोई जवाब न दे सका। उसने खुद भी महसूस किया था कि जब भी वह पुष्पांजली के घर गया था तो रजनी को काम के बोझ से व पुष्पांजली को सिर से पैरों तक श्रृंगार के बोझ से दबा पाया था। जहाँ नई नवेली दुल्हन रजनी बिखरे बालों के साथ काम से दबी वास्तव में ही बिना मेकअप लिए काम वाली बाई जान पड़ती थी। वहीं नई नवेली दुल्हन की तरह पुष्पांजली चेहरे पर क्रीम पाऊडर, होठों पर लिपिस्टिक की लाली, आँखों में काजल, गलें में मोतियों की माला, चोटी में गजरा, पैरों में पजामी, बदन पर टी–शर्ट, नाखूनों पर मैचिंग पॉलिश यहाँ तक की पैरों में जुराब तथा बिस्तर के पास रखी चप्पल भी कपड़ों से मैच

करती दिखती थी। अग्रवाल की तरफ से कोई जवाब मिलता न देख रजनी बोली, "ताऊ जी आप ही बताओ मेरे सामने इनको इतना सजना क्या अच्छा लगता है?"

"अपनी अपनी आदत है।"

"ताऊ जी यह आदत नहीं अहंकार है।"

"रजनी ने अग्रवाल के मन की बात छीन ली थी। वह तो पहले ही कई बार ऐसा महसूस कर चुका था जैसे पुष्पांजली अपने रूप लावण्य पर कुछ ज्यादा ही अहंकार रखती है। अब रजनी के कथन ने अग्रवाल के विचारों को तूल दे दिया था।

रजनी का तर्क सुनकर अग्रवाल दंग रह गया। वह क्या कोई भी सोच भी नहीं सकता था कि एक सुदूर गाँव में पली बढ़ी लड़की ऐसे स्पष्ट विचार व्यक्त कर सकती है। अग्रवाल अपने अनुभव के कारण उसके "निम्न वर्ग" के शब्द के उच्चारण से ही रजनी की सारी दुविधाओं का कारण समझ गया था।

अग्रवाल की एक बुआ जी हरियाणा प्रदेश के एक गाँव में रहा करती थी। अग्रवाल जब छोटा था तो अपने स्कूल की छुट्टियाँ अक्सर उनके यहाँ बिताता था। शहर की भीड़ भाड़ से दूर हरियाले लहलहाते खेतों के बीच लगभग सत्तर घरों का वह गाँव बहुत शांत रहता था। उसमें हर जाति एवम् वर्ण के वासिंदे थे। एक दो मकान को छोड़कर अधिकतर मकान कच्चे थे। गाँव की गलियाँ धूल मिट्टी से भरी रहती थी। सीवर का कोई वजूद न था। जंगल मैदान के लिए मर्द तो बाहर खुले में चले जाते थे परन्तु औरतें घर में ही निबटती थी। मैला सिर पर ढोया जाता था।

बुआ जी के घर पर कुएँ से पानी भर कर लाना, कपड़े धोना, बर्तन मांजना, आँगन लीपना तथा साफ सफाई के लिए निम्न वर्ग की औरतें लगी हुई थी। बुआ जी व उनकी लड़कियों का काम तो बस खाना बनाने

तक सीमित था अन्यथा वे हमेशा साफ सुथरी नहा धोकर घर की देखभाल करती ही नजर आती थी। गाँव के सेठ होने की वजह से दूसरे तबके के लोग इस घर के सभी सदस्यों की बहुत इज्जत करते थे। इनका मेहमान पूरे गाँव का मेहमान माना जाता था। अगर वे कहीं जा रहे होते तो सामने से आने वाला हर व्यक्ति रास्ता छोड़कर एक तरफ खड़ा हो पहले सेठ के परिवार को जाने का रास्ता दे देता था।

नाई की हिम्मत नहीं होती थी कि सेठ के घर की पोली (बैठक) पार करके उसके घर में प्रवेश कर जाए। पोली मैं भी वह एक तरफ खड़ा ही रहता था जब तक कि उसे बैठने का इशारा न कर दिया जाता।

लिखने तथा कहने का तात्पर्य यह है कि गाँव में रहने वाली उच्च वर्ण के घराने की लड़कियाँ घर की साफ-सफाई, लीपा-पोती, झाड़ू-पौचा, इत्यादि का काम नहीं करती थी तथा इन्हें एक निम्न वर्ग के लोगों का काम समझती थी। शायद यही कारण था कि रजनी को हनीमून पर न भेजकर जब घर में झाड़ू-पौचा करने के काम के लिए कहा गया तो वह अपने अहम के कारण बगावत पर उतर आई थी।

इसी के आधार पर अग्रवाल ने पुष्पांजली के परिवार को समझाया कि अब उन्हें रजनी को अपने परिवार का ही एक सदस्य समझना चाहिए तथा घर के कार्यों को मिल बाँट कर करना चाहिए। पुष्पांजली को हिदायत दी कि ताने, दुत्कार, चपत तथा किसी बात पर भी रजनी के माँ-बाप तक पहुँचने पर विराम लगाना होगा। फिर कुछ सोचकर अग्रवाल ने पूछा, "वैसे मेरी समझ में यह नहीं आ रहा कि आपके तथा रजनी के बीच यह मन मुटाव इस हद तक कैसे पहुँच गया?"

"भाई साहब यह एक नंबर की काम चोर है।"

"काम चोर। परन्तु जब से मैं यहाँ आया हूँ यह तो काम में ही व्यस्त है?"

"आपके आने से थोड़ी देर पहले ही तो लगी है।"

"क्या इसे पता था कि हम आने वाले हैं?"

"नहीं ऐसी तो बात नहीं है।"

"तब भी कर रही है।"

"क्या खाक कर रही है। राम सेवक जी सुबह पाँच बजे अपनी ड्यूटी पर जाते हैं। मजाल कि आज तक इसने उठकर उनके लिए चाय या खाना बनाकर दिया हो।"

अग्रवाल चुपचाप सुन रहा था।

"नौ बजे विनीत तथा 1:30 बजे विजया अपने ऑफिस जाती है मगर यह मर्दूत तब तक तो बिस्तर ही नहीं छोड़ती है।"

अग्रवाल पुष्पांजली के मन की भड़ास एकाग्रता से सुन रहा था।

"महारानी जी सबके चले जाने के बाद ऐसे उठकर बाहर निकलती हैं जैसे अलसाई शेरनी अपनी मांद से बाहर निकलती है।"

"अच्छा।"

"फिर थोड़ा बहुत अपनी मर्जी से काम करके दोबारा अपने कोप भवन में घुस जाती है तथा टेलीविजन फूँकने लगती है या सो जाती है।"

भाई साहब अब आप ही बताईये कि कौन सास अपनी बहू का ऐसा व्यवहार बर्दाश्त कर लेगी?

"देखो पुष्पांजली हर परिवार का रहन सहन का अपना अलग अंदाज होता है। जब लड़की अपने ससुराल आती है तो वह वहाँ के कायदे कानून से अनभिज्ञ होती है। उसको ससुराल में सीखना या सिखाना पड़ता है।"

"परन्तु यह तो सीखना ही नहीं चाहती। अगर इसको कुछ कहो तो इसके होठों में सिलाई लग जाती है। गाल फूलकर कुप्पा हो जाते हैं तथा लाल आँखे बाहर निकलती प्रतीत होने लगती हैं।"

अग्रवाल ने अचानक सवाल किया, "लगता है रजनी को साज श्रृंगार का भी कोई शौक नहीं है?"

"साज श्रृंगार तो तब करे जब किसी शक्ल सूरत की हो।"

"रजनी को अकेले आपने ही तो पंसद किया था?"

पुष्पांजली झेंपते हुए, "किया तो था परन्तु मुझे क्या पता था कि यह ऐसी काम चोर निकलेगी?"

"तो क्या आपको अपने लिए एक बहू नहीं काम वाली बाई चाहिए थी?"

"नहीं नहीं ऐसी बात नहीं है।"

"अगर ऐसी बात नहीं है तो फिर अपने लड़के के लिए अपनी जैसी सुन्दर और गुणवती लड़की क्यों नहीं लाई?"

अग्रवाल के वचन सुनकर पुष्पांजली का चेहरा खिल उठा। वह इतराई। अपनी सुंदरता की प्रंशसा सुनकर उसकी गर्दन गर्व से अकड़ गई। उसके शरीर में हलचल सी हुई। उसकी आँखें उसके मन की सारी खुशी बयान करने लगी थी।

अचानक अग्रवाल ने थोड़ा सीरियस होकर पुष्पांजली को नसीहत देना उचित समझते हुए कहा, "पुष्पांजली मनुष्य के मन में छुपा अहंकार एक बहुत महत्त्वपूर्ण भूमिका निभाता है और यह कई कारणों से उपजता है मसलन धन, ज्ञान, पद और रूप आदि।"

"हाँ भाई साहब यह तो है।"

"परन्तु इन सबका अंजाम एक ही होता है।"

"वह क्या?"

"विनाश।"

अग्रवाल ने अपना तर्क पक्का करने के लिए जोड़ा, "जैसे कहा गया है कि "अहंकार में तीन गए धन, वैभव और वंश, न मानों तो याद करो रावण, कौरव और कंस'।"

पुष्पांजली समझ नहीं पा रही थी कि उसकी पुत्र वधू से मिलने के बाद अग्रवाल ऐसा व्याख्यान क्यों कर रहे हैं अतः पूछा, "भाई साहब इन बातों से आपका आशय क्या है?"

"पुष्पांजली मेरे विचार से हवस भी एक प्रकार का अहंकार है जिसके वशीभूत मेरी राय का आपके ऊपर कोई असर नहीं हुआ और आज आप आर्थिक संकट का सामना करने पर मजबूर हो क्योंकि आपके ऊपर धन संकट मंडरा रहा है। यह आपके अहंकार की पहली अवस्था दर्शाती है।"

पुष्पांजली ने अपनी गर्दन झुकाकर धीरे से कहा, "सच में भाई साहब अगर मैं आपकी नेक सलाह मान लेती तो हमें यह दिन न देखने पड़ते।"

"खैर जो हुआ उसका धैर्य से सामना करो। धीरे-धीरे संभल जाओगे। परन्तु अब मैं एक और कड़वी बात कहने जा रहा हूँ।"

पुष्पांजली ने उतावले होकर पूछा, "वह क्या है?"

"यहीं कि आपके धन का तो नुकसान हो ही रहा है अब अपना वैभव, आदर-सत्कार और मान मर्यादा को संभालने का समय है।"

पुष्पांजली चौंकी, "क्या मतलब?"

"मतलब यहीं कि तुम्हारी अपनी बहू पर ज्यादती अधिक दिन नहीं चल सकेगी।"

"भाई साहब मैं उस पर ऐसा क्या जुल्म ढा रही हूँ?"

"अपनी पुत्र वधू को चपत लगाना क्या जुल्म नहीं है?"

"भाई साहब, आप भी मुझे ही दोषी करार दे रहे हैं?"

"दोषी करार देने की बात नहीं है मैं तो जुल्म की बात कर रहा हूँ।"

"भाई साहब चार सदस्यों के घर में काम ही कितना होता है।"

"जो भी है वह निर्मलता से मिल जुलकर भी तो किया जा सकता है?"

"भाई साहब, विनीत, विजया और इनके पापा तो सुबह ही अपने-अपने काम पर निकल जाते हैं। उनके नाश्ता वगैरह का इंतजाम मैं ही करती हूँ। यह महारानी तो उस समय तक बिस्तर ही नहीं छोड़ती तो काम क्या करेगी?"

"आपको विनीत से कहना चाहिए कि वह उसे अपने घर के वातावरण से अवगत कराए।"

पुष्पांजली हाथ उठाकर, "अजी राम भजो, हम सब कहकर थक लिए परन्तु वह बदलती ही नहीं।"

"आप सभी का एकजुट होकर कहना गलत है। आप यह मसला सिर्फ विनीत पर छोड़ दो।"

अबकी बार पुष्पांजली अग्रवाल की तरफ टुकुर-टुकुर देखकर अनमने मन से चुप हो गई जिससे अग्रवाल को ऐसा महसूस हुआ जैसे उसे राय पसंद नहीं आई।

पुष्पांजली को समझाने हेतु अग्रवाल ने फिर कहा, "पुष्पांजली मानव जीवन में क्रोध, घृणा, ईर्ष्या, ऋण और अहंकार आदि नकारात्मक प्रवृत्तियों का परिणाम बड़ा ही भयानक होकर उभरता है। इसलिए इसे अग्नि के समान वृद्धि होने से पूर्व समाप्त कर देना उचित होता है। इनके कारण अपेक्षाओं की पूर्ति न होने से खिन्नता पैदा होती है और वहीं क्रोध का आधार बनकर व्यवहार में क्षमा और विवेक को क्षीण कर देती हैं। हमारे

ग्रन्थ, पुराण, उपन्यास इत्यादि इस बात के गवाह हैं कि अहंकार से ग्रस्त व्यक्ति सब कुछ खो देता है और बाद में पछताने के अलावा उसके पास कोई चारा नहीं बचता। बड़े-बड़े राजा, महाराजाओं, ऋषि मुनियों के उदाहरण न देकर मैं अपने साथ घटित एक सत्य घटना का वर्णन करता हूँ जिसमें अपने अहंकार के कारण दबंग समझे जाने वाले एक नेता ने अपना मान सम्मान और आदर सत्कार खो दिया था।

अहंकारी का पतन

अग्रवाल ने बताना शुरू किया, ईश्वर की मेरे ऊपर बहुत कृपा रही है। उस परवरदिगार ने मेरी हर कदम पर सहायता की है। मैं पढ़ना चाहता था तो मुझे स्नातकोत्तर की डिग्री हासिल करने में पूरा योगदान दिया। अगर भगवान की तरफ से चक्र न चलता तो मैं कभी भी इसमें कामयाब नहीं होता। मैंने भारतीय वायु सेना की नौकरी छोड़ना चाही तो उसमें भी उसने मेरे लिए रास्ता बना दिया था। मुझे अपने बच्चों के साथ सिर छुपाने के लिए जगह चाहिए थी तो उसने मुझे दुकान में अच्छी आमदनी कराकर मुझे इस लायक बना दिया कि मैं मकान बनवाने में भी समर्थ हो गया। हालाँकि अपने घर के सदस्यों द्वारा दिए गए आश्वासन के अनुरूप मुझे इनसे सहायता नहीं मिली परन्तु भगवान पर मेरी अटूट आस्था होने के कारण मुझे इसका कोई मलाल नहीं हुआ था।

02.03.1980 की सुबह सोकर उठा तो मेरी पत्नी संतोष ने जन्म दिन मुबारक कहकर मेरा अभिवादन किया। मैंने भी अपने चेहरे पर मुस्कान लाते हुए अपनी पत्नी को धन्यवाद दिया तथा नीचे दुकान खोलने चला गया। हालांकि थोड़ी देर बाद अपने चिरपरिचित अंदाज में अपनी खुशी जाहिर करने के लिए शालिनी ने मेरे लिए गरमागरम देशी घी का हलुआ बनाकर भेज दिया था परन्तु मैं खुद महसूस कर रहा था कि इस बार का मेरा जन्म दिन उतनी खुशियाँ नहीं दे पाएगा जितनी मेरे परिवार को उस समय मिलती थी जब मैं भारतीय वायु सेना में सेवारत था।

वायु सेना में रहते हुए किसी के भी जन्मदिन के तीन दिन पहले से ही प्रोग्राम बनने लगते थे कि उस खास दिन सुबह नाश्ते में क्या बनेगा,

दोपहर का खाना लेकर कौन से स्थान पर पिकनिक मनाने जाएँगे, शाम को कौन से सिनेमा हाल में कौन सी पिक्चर देखेंगे, रात को कौन से होटल में खाना खाकर वापिस घर लौटेंगे...इत्यादि।

बच्चे सारा दिन इन्हीं बातों को सुझलाने में व्यस्त रहते थे। उनका चहकना देखकर मेरे मन में भी रह रहकर खुशी की एक अजीब सी लहर दौड़ जाती थी। परन्तु इस बार तो घर में इनके बारे में कोई जिक्र ही नहीं हुआ। शायद बच्चे भी भांप गए थे कि इस बार उनके पापा जी इस स्थिति में नहीं हैं कि उनका जन्मदिन पहले की तरह धूमधाम से मनाया जा सके। बच्चों का बुझा-बुझा चेहरा भांपकर भी मैं कुछ करने की स्थिति में नहीं था। इस बार मेरा जन्मदिन मेरी पत्नी द्वारा जन्म दिन की बधाई कहना तथा फिर हलुआ बना देने तक ही सीमित होकर रह गया था। यह सब महसूस करके मेरा मन मुझे कचोट रहा था कि देखो समय ने क्या पलटा खाया है। फिर भी भगवान में आस्था होने के कारण मेरे मन में किसी अनजान कोने में एक आशा जगी थी कि पुराने दिन अवश्य लौट कर आएँगे।

रात को जब मैं अपनी दुकान बंद करके ऊपर गया तो अपने कमरे की सजावट देखकर दंग रह गया था। कमरे को करीने से सजाया गया था। शालिनी मेरी पत्नी तथा बच्चे, प्रवीण, प्रतिभा, तथा पवन भी सजे धजे मेरा इंतजार कर रहे थे। सभी के चेहरे सुबह के गुलाब की तरह खिले हुए थे। मेज पर एक केक रखा था। उसके साथ चांदी की प्लेट में एक लिफाफा रखा था। पहले दिनों जैसा इंतजाम देखकर तथा सभी के मुस्कराते चेहरे देखकर मैं दंग रह गया था तथा पूछना ही चाहता था कि माजरा क्या है कि सभी ने जोर-जोर से तालियाँ बजा बजाकर जन्म दिन मुबारक का गाना गाना शुरू कर दिया। मेज पर परोसा गया खाना भी वैसा ही बनाया गया था जैसा कि वायु सेना की नौकरी के दिनों में बनाया जाता था।

केक काटने के बाद मेरी लड़की प्रतिभा ने चांदी की प्लेट, जिसमें एक लिफाफा रखा था, मेरे सामने कर दी। मैंने सोचा कि हर वर्ष की तरह

उसकी पुत्री ने जन्म दिन मुबारकबाद का एक कार्ड अपने हाथों से बनाकर लिफाफे में रखा होगा। परन्तु इस बार वह चांदी की प्लेट में रखकर देने का औचित्य मेरी समझ से बाहर था। परन्तु जब मैंने जन्म दिन मुबारक वाले कार्ड के साथ लिफाफें के अंदर रखे पत्र का मजबून पढ़ा तो आश्चर्यचकित ठगा सा रह गया। एकदम मेरी निगाह सामने टंगी अपने माता-पिता की तस्वीर के साथ साथ भगवान की टंगी तस्वीर पर पड़ी और मैं हाथ जोड़कर उनके सामने नतमस्तक हो गया।

भगवान ने एक बार फिर मेरा साथ देकर मेरे भविष्य की सारी समस्याओं का निवारण करने का फैसला कर लिया था। मुझे भारतीय स्टेट बैंक से नौकरी का निमंत्रण आया था। ईश्वर ने, जितनी खुशी इस परिवार को मेरे जन्मदिन पर भारतीय वायु सेना से मिलती थी उससे सैंकड़ों गुना अधिक आज प्रदान कर दी थी।

21 मार्च 1980 को जब पहले दिन भारतीय स्टेट बैंक की शाखा में अपने ऑफिस गया तो वहाँ पर पहले से नौकरी कर रहे लोग, दो गुटों में, मुझे मेरी बैंक में नियुक्ति पर बधाई देने आए। ये गुट बैंक में दो विरोधी यूनियनों के खेमे से ताल्लुक रखते थे। फौज में तो कोई यूनियन होती नहीं है। इसलिए इन सब झंझटों से अनभिज्ञ मैंने किसी भी गुट में सम्मिलित न होने का फैसला कर लिया परन्तु ऐसा करने में भी लफड़ा होता नजर आता था, क्योंकि मैंने महसूस किया कि अगर मेरे जैसा व्यक्ति किसी एक संगठन के व्यक्ति से हंस बोलकर बातें कर लेता था तो दूसरे गुट के सदस्य सोचने लगते थे कि वह तो गया हमारे हाथ के नीचे से। शायद इन मामलों में छोटे नेताओं का दिमाग भी संकीर्ण होता है।

उन दिनों भारतीय स्टेट बैंक की विदेश व्यापार शाखा की यूनियन का सैक्रेटरी एस. के. पटनी था। उसकी सेहत मनुष्यों के हिसाब से एक हाथी से कम न थी। चलते हुए भी उसकी चाल एक झूमते हुए मस्त हाथी की तरह लगती थी। उसे कभी भी किसी प्रकार की कोई जल्दी नहीं होती

थी। वह बैंक का खुद तो कोई काम करता नहीं था ऊपर से जहाँ भी वह बैठ जाता था तो आसपास की सीटों पर काम कर रहे कर्मचारियों का काम भी ठप्प करा देता था। जब बैंक के आला अधिकारी ही उसके सामने बोलने से कतराते थे तो भला बैंक के और कर्मचारियों की क्या बिसात थी कि उसके सामने अपना मुँह खोल सकते।

विदेश व्यापार शांखा का चीफ मैनेजर सुरेन्द्र सिंह भी उसकी सलाह लिए बिना कर्मचारियों के बारे में कोई निर्णय नहीं ले सकता था। पटनी का शाखा में इतना दबदबा था कि उसको बताए बिना मैनेजर द्वारा एडमिनिस्ट्रेटिव निर्णय लेना तो दूर की बात थी उसमें इतना दम नहीं होता था कि किसी कर्मचारी की छुट्टियाँ तक भी मंजूर कर सके। पटनी को उस समय का, भारतीय स्टेट बैंक की विदेश व्यापार शाखा का, बेताज बादशाह कहना अतिश्योक्ति न होगी। परन्तु भगवान ने अपनी रणनीति में बदलाव की ऐसी बिसात बिछा रखी है कि उससे कोई नहीं बच सकता। पटनी भी उस बिसात के मद्देनजर एक दिन राजा से रंक बनकर रह गया। अपने अहंकार की वजह से उसने अपने साथियों की नज़रों में अपना वैभव, मान-मर्यादा तथा आदर सत्कार खो दिया।

1980 के दशक में भारतीय स्टेट बैंक की विदेश व्यापार शाखा में चलन था कि जब भी नई भर्ती के लोग उसमें नियुक्त होकर आते थे तो सबसे पहले उनसे खजाने के अधीन खजांची के रूप में काम लिया जाता था। बैंक में भर्तियाँ हर छः महीने बाद होती थी। जब अगली भर्ती होती थी तो खजाने में पहले से काम कर रहे लोगों को वहाँ से हटा कर कलर्क के रूप में नियुक्त कर दिया जाता था और नए लोगों को उनके स्थान पर खजाने में लगा दिया जाता था। ऐसा इसलिए किया जाता था क्योंकि लोगों का मानना था कि खजांची की ड्यूटी जोखिम एवं पाबंदी की होती है इसके विपरीत क्लर्क एक खुले वातावरण में बिना किसी जोखिम एवं पाबंदी के काम करता है।

जो व्यक्ति सोलह वर्ष फौज़ की नौकरी करके आया हो, जहाँ हर कदम पर पाबंदी होती है, उसे भला बैंक में खजाने की पाबंदी, पाबंदी कैसे महसूस होती। यहीं कारण था कि नए लोगों की तीन चार भर्तियाँ आने के बावजूद मैंने अपनी तरफ से सीट बदलवाने की कोई इच्छा व्यक्त नहीं की थी। मैं खुशी-खुशी ढाई साल से खजाने में काम कर रहा था क्योंकि मुझे वहाँ किसी प्रकार की कभी दिक्कत महसूस नहीं हुई थी। मेरे साथ चार लड़के रिडला, जगदीश, गर्ग, तथा डाल चंद भी खजाने में काम कर रहे थे।

एक दिन गर्ग ने मेरे से कहा, "अग्रवाल जी मैं अब खजाने से बाहर जाना चाहता हूँ।"

मैंने सीधे स्वभाव उत्तर दिया, "तो जाओ।"

"वह तो ठीक है परन्तु, "कहकर गर्ग चुप सा हो गया।

मैं गर्ग की हर बात से अनजान था इसलिए बोला, "परन्तु क्या? अरे नई भर्ती के लोग आ गए हैं तुम्हें खजाने से बाहर जाने में कोई दिक्कत नहीं होगी।"

गर्ग ने डरते हुए से फिर वही राग अलापा, "हाँ जा तो सकता हूँ परन्तु...।

"इस परन्तु से आगे भी बढ़ो गर्ग जी। आपको क्या परेशानी आ रही है?"

गर्ग ने कुछ साहस बटोर कर अपनी जबान को आगे बढ़ाया, "मैंने पटनी को अपनी बाहर जाने की बात कहीं थी।"

"फिर।"

पटनी ने कहा, "अग्रवाल को तो खजाने में काम करते हुए ढाई साल हो गए हैं उसने तो अब तक एक बार भी नहीं कहा कि वह खजाने से बाहर की ड्यूटी करना चाहता है।"

मैं कुछ सोचकर बोला, "ये तो कोई तुक नहीं हुई। अगर मैं आगे नहीं बढ़ना चाहता तो इसका मतलब यह तो नहीं है कि अपने पीछे खड़े होने वालों का रास्ता रोक दूँ।"

गर्ग थोड़ा सहम कर बोला, "मुझे तो पटनी ने डांटकर भगा दिया तथा कहा कि पहले अग्रवाल खजाने से बाहर जाएगा फिर तुम्हारी बारी आएगी।"

गर्ग की बात सुनकर मैंने उसे विश्वास दिलाते हुए बहुत ही साफ शब्दों में कहा, "देखों गर्ग जी वैसे तो मुझे कोई फर्क नहीं पड़ता कि मैं खजाने में काम करूँ या बाहर काम करूँ। परंतु मैं आपके क्या किसी के भी रास्ते की अड़चन नहीं बनूँगा। अगर पटनी यह चाहता है कि आप से पहले मैं खजाने से बाहर जाऊँ तो मुझे कोई आपत्ति नहीं है। मैं उससे कह देता हूँ कि मुझे भी खजाने की ड्यूटी से छुटकारा दे दे।"

अगले दिन मैं यूनियन के दफ्तर में चला गया। पटनी वहाँ अपने चमचों से घिरा बैठा गप्प शप्प में मशगूल था। मुझे देखकर वह बोला, "हाँ अग्रवाल जी, कहो कैसे आना हुआ?"

मैंने अपनी बात सीधे रखी, "मैं अब खजांची की नौकरी त्यागना चाहता हूँ।"

"क्यों अचानक क्या बात हो गयी?"

"बात कुछ नहीं हैं, तथा अचानक जैसी भी कोई बात नहीं है।"

"तो फिर?"

"लोग तो छः महीने में ही खजाने से बाहर निकल जाते हैं, मैंने तो ढाई वर्ष काट दिए हैं।"

"ठीक है अग्रवाल जी अबकी भर्ती आएगी तो आपकी ड्यूटी बदल दी जाएगी।"

धन्यवाद कहकर मैं यूनियन ऑफिस से बाहर आकर अपने काम में लग गया।

छः महीने बाद बैंक में नए लोगों की भर्ती कर ली गयी परन्तु मैं बाट जोहता ही रह गया कि कोई मेरे स्थान पर आएगा। और मैं खजाने से मुक्त कर दिया जाऊँगा। जब मुझे पता चला कि मेरी जगह अबकी बार आए लोगों में से कोई भी खजाने के लिए नियुक्त नहीं किया गया है तो मैं याद दिलाने के लिए एक बार फिर यूनियन ऑफिस में पटनी के पास जाकर बोला, "पटनी जी नई नियुक्तियाँ तो हो चुकी हैं परन्तु आपने मुझे मुक्त नहीं किया?"

पटनी ने बड़े शांत स्वभाव से जवाब दिया, "मैं जानता हूँ।"

मैंने भी सीधे सवाल पूछ लिया, "क्या मैं जान सकता हूँ कि ऐसा क्यों?"

पटनी, शायद जिसके सामने सवाल जवाब करने की हिम्मत किसी में नहीं थी, अपने में आते हुए बोला, "मैं सवाल जवाब पसंद नहीं करता। केवल कहता हूँ तथा सामने वाले को केवल सुनना पड़ता है।"

उसके कहे की परवाह न करते हुए मैंने फिर एक प्रश्न कर दिया, "परन्तु आपने ही तो कहा था कि नई भर्ती आने पर मुझे खजाने से बाहर कर दिया जाएगा?"

मेरे दोबारा प्रश्न करने पर पटनी खीज गया और चेहरे पर बल चढ़ाकर गुर्राया, "कहा था परन्तु कोई पत्थर की लकीर तो नहीं खींच दी थी?"

मैं, जो हमेशा से ही अपनी जबान से कही बात को पत्थर की लकीर से भी बढ़कर मानता था, पटनी के शब्दों से बहुत विचलित हो गया तथा उसे ताकीद दी, "पटनी जी आपके लिए अपनी जबान से कही बात

आपके लिए बेशक पत्थर की लकीर न हो परन्तु मेरे लिए यह पत्थर की लकीर से भी बढ़कर है।"

पटनी हाथ घुमाकर बोला, "मेरे सामने किसी की पत्थर की लकीर कोई मायने नहीं रखती।"

मैंने भी उसकी तरफ ऊँगली से इशारा करके कहा, "सुन लो मैं भी अपनी पत्थर की लकीर को खंडित नहीं होने दूँगा, क्योंकि मैं तुम्हारी तरह थूक कर चाटता नहीं।"

पटनी मुझे चेतावनी सी देते हुए बोला, "तुम बैंक में नए आए हो, नए की तरह रहो।"

मैंने उसके भ्रम को तोड़ने के लिहाज से बताया, "बेशक बैंक में मैं नया हूँ परन्तु पहले भी सोलह साल नौकरी कर के आया हूँ।"

अबकी बार पटनी ने अहंकार भरा अपना असली रूप दिखाने की चेष्टा की, "बैंक में नए हो इसलिए अभी तुम मुझे जानते नहीं?"

मैंने बेतकल्लुफ उत्तर दिया, "मैं जानना भी नहीं चाहता।"

पटनी आपे से बाहर होकर बोला, "तुम क्या कर लोगे?"

"वह तो समय ही बताएगा।"

पटनी शायद और अधिक बर्दाश्त नहीं कर सकता था अतः अपनी कुर्सी से उठकर अपने हाथ से चांटा मारने के अंदाज में चिल्लाकर बोला, "अबे तेरे जैसे हजारों देख चुका हूँ। जा चला जा, वरना।"

मैं निर्भय पटनी के सामने खड़ा बोला, "वर्ना क्या कर लेगा? खड़ा हूँ करके दिखा? एक और बात बता दूँ, तमीज से बात करना सीख ले। तू जो गुर्राकर बोल रहा है तथा चांटा मारने का इशारा कर रहा है इसके लिए चेतावनी दे रहा हूँ। मैं तेरे बाप का नौकर नहीं हूँ। अच्छी तरह समझ ले जैसे तू यहाँ बैंक में नौकरी कर रहा है वैसे मैं भी कर रहा हूँ। मैं तेरे

बाप का नौकर नहीं हूँ। अगर ज्यादा अबे-तबे करी तो अपना मुँह छितवा तथा अपने को छँटवा बैठेगा।"

शाखा में जिस पटनी के सामने बोलने से पहले हर कोई दस बार सोचता था फिर भी हिम्मत नहीं जुटा पाता था उसे मैंने आज खरी खोटी सुना दी थी। मेरी बातों से उसके इर्द गिर्द बैठे लोग सकते में आ गए। यूनियन ऑफिस के बाहर खड़े लोगों के कारण विदेश व्यापार शाखा में यह बात आग की तरह फैल गयी कि अग्रवाल ने आज बेधड़क पटनी का सामना किया। मेरी बात सुनकर पटनी चोट खाए साँप की तरह फुफकारता रह गया और मैं यूनियन ऑफिस से बाहर आ गया।

भारतीय स्टेट बैंक में उस समय पटनी की तूती बोलती थी। उस तूती को बंद कराने में शाखा का प्रबंधक सुरेन्द्र सिंह भी अपने को असमर्थ पाता था। मेरी यह सलाह कि मैं जीवन भर खजाने में काम करने को तैयार हूँ अगर इस समय आप मुझे एक दिन के लिए खजाने से बाहर निकाल दें का भी वह निर्णय न ले सका।

इस एक दिन में भी पटनी अपनी हार देखता था, जिस शब्द से वह शायद अनजान था तथा जो उसने अभी तक चखी नहीं थी। यहीं कारण था कि वह मेरी बात मानने को राजी नहीं होता था।

मेरा मकसद यह कतई नहीं था कि मैं पटनी को मात देना चाहता था। मेरा लक्ष्य तो पटनी के अहंकार को तोड़कर उसे सही रास्ता दिखाना मात्र था। जैसे एक बार वीर हनुमान महाबली भीम के रास्ते में अपनी पूँछ बिछाकर बैठ गए थे। जब भीम ने अपना रास्ता अवरूद्ध देखा तो उसके मन में अहंकार आया कि एक अदना से बूढ़े बन्दर की यह औकात कि मेरे जैसे बलशाली का मार्ग रोककर एक तरफ पड़ा है। भीम ने गरज कर कहा, "ओए बन्दर मेरे रास्ते से अपनी पूँछ हटा ले वरना इसे तोड़ दूँगा।"

हनुमान ने बड़ी शालीनता से जवाब दिया, "महाश्य देख रहे हो मैं बहुत बूढ़ा हो गया हूँ। आप ही मेरी सहायता करें तथा मेरी पूँछ उठाकर एक तरफ रख दें और अपना रास्ता बना लें।"

भीम ने सोचा कि रास्ता क्या बनाऊँगा इस बन्दर की पूँछ पकड़कर इसे ही घुमाकर दूर फैंक देता हूँ। इसी मकसद से महाबली भीम ने झुककर वीर हनुमान जी की पूँछ पकड़ी और उसे झटके से उठाने का यत्न किया। परन्तु उसके आश्चर्य का ठिकाना न रहा जब वह, अपनी पूरी ताकत लगाने के बावजूद, उस पूँछ को टस से मस न कर सका। बाद में यह पता चलने पर कि वह बन्दर वास्तव में वीर हनुमान जी हैं तो भीम ने उनसे अपने अपशब्दों के लिए क्षमा माँगी तथा कहा, "मान्यवर आज आपने मेरा गरूर एवं अहंकार समाप्त कर दिया है।"

इसी तरह पटनी भी अपने को विदेश व्यापार शाखा का बेताज बादशाह समझने लगा था। वह अहंकार से भर गया था तथा उसकी यह धारणा बन गयी थी कि उसके कहे को कोई टाल नहीं सकता, बदल नहीं सकता तथा किसी की हिम्मत नहीं कि कोई उसके सामने बोल सके। जब पटनी हर प्रकार से मेरा निर्णय बदलवाने में नाकामयाब हो गया तथा उसे महसूस हो गया कि अब इस बारे में उसकी कोई मदद नहीं कर सकता तो उसने मेरा समर्पण करवाने के लिए एक नीच तथा घिनौनी चाल चलने की रूप रेखा तैयार कर ली।

उसने मुझे बैंक से बिना छुट्टी मंजूर कराए उसके अपने गुर्गों के साथ बैंक में न आने पर कारण बताओं नोटिस दिलवाया, यूनियन में ओहदा देने का लालच दिया परन्तु व्यर्थ।

माना जाता है कि पक्षियों में कौवा, जानवरों में सियार तथा मनुष्यों में नाई सबसे चतुर एवं चालाक होते हैं। परन्तु कभी-कभी अपनी चालाकी और चतुराई से ये खुद ही विपत्ति में फंस जाते हैं। या अपने कारनामों से इन्हें दूसरों के सामने नीचा देखना पड़ जाता है। जैसे अपने को बहुत

चालाक एवं चतुर समझने वाले एक नाई को बादशाह अकबर के दरबार में बहुत जिल्लत का सामना करना पड़ा था।

यह तो सर्व विदित है कि बादशाह अकबर के अधिकतर दरबारी बीरबल की वाकपाटुता एवं बुद्धिमानी से खार खाते थे तथा बादशाह के सामने दरबार में उसे नीचा दिखाने की फिराक में लगे रहते थे। एक बार सभी ने मिलकर दरबार के नाई से कहा कि वह कोई ऐसा रास्ता बताए जिससे बीरबल को बादशाह के सामने नीचा देखना पड़े।

नाई ने फटाफट एक युक्ति सुझाते हुए दरबारियों से कहा कि वे बादशाह को सलाह दे कि उनके पूर्वजों को मरे कई वर्ष हो गए हैं अतः उन्हें किसी को स्वर्ग भेजकर उनके कुशल क्षेम के बारे में तहकीकात करवा लेनी चाहिए। सभी दरबारियों के अनुरोध पर बादशाह अकबर ने बीरबल को इस काम के लिए नियुक्त भी कर दिया। बीरबल बिना किसी हुज्जत के इस कार्य को अंजाम देने के लिए तैयार हो गया तथा बादशाह से एक महीने का समय मांगकर अपने घर को चला आया। इस दौरान बीरबल ने खुफिया तौर पर यह पता कर लिया कि इस सारे प्रकरण का सूत्रधार दरबार का नाई था।

एक महीने बाद बीरबल ने दरबार में हाजिर होकर बादशाह को सूचना दी, "जहाँपनाह के पूर्वज बिल्कुल स्वस्थ एवं कुशलतापूर्वक सुखी जीवन का निर्वाह कर रहे हैं। परन्तु उनके सामने एक समस्या है।"

समस्या का नाम सुनकर दरबार में सन्नाटा छा गया। समस्या के बारे में सुनने को सभी के कान खड़े हो गए। सभी की निगाहें बीरबल पर टिकी थी तथा सभी बात सुनने को आतुर दिखाई दे रहे थे। चुप्पी तोड़ते हुए बीरबल ने कहना शुरू किया कि जहाँपनाह उनकी दाड़ी और बाल बढ़ गए हैं क्योंकि वहाँ कोई नाई नहीं है। अतः महाराज आप से मेरा नम्र निवेदन है कि जल्दी से जल्दी वहाँ एक नाई को भेज दिया जाए। इस तरह नाई को अपने ही बुने जाल में फंसकर राज दरबार छोड़ना पड़ा था।

उसका गिड़गिड़ाना, बच्चों की दुहाई देना तथा माफी माँगने का बादशाह पर कोई असर नहीं हुआ। इसी प्रकार पटनी के बुने जाल में फंसकर मेरे साथियों को नाहक में बैंक की तरफ से चेतावनी झेलनी पड़ी थी।

मेरे कारण बहुत से लोग खुलकर सामने आ गए। पटनी ने सपने में भी नहीं सोचा था कि उसे कभी इतने भारी विरोधाभास का सामना भी करना पड़ सकता है। उसकी नाक में दम आ गया। उसने सोचा कि अपने खिलाफ बढ़ते विरोधाभास को खत्म करने के लिए उसका विरोध करने वाले पेड़ की जड़ को काटने के अलावा उसके पास और कोई चारा नहीं बचा था। उसने मुझे खजाने से बाहर निकालने में ही अपनी भलाई समझी।

शेर को बेदम होता जान भेड़िये भी उस पर झपटने की ताक में रहने लगते हैं। मेरी लक्ष्य प्राप्ति के साथ ही पटनी के रौब का पतन होना शुरू हो गया था। उसका अहंकार वश कहे जाने वाला तकिया कलाम "मैं केवल सुनाता हूँ सुनता नहीं' उसकी जबान के साथ उसके गले में अटक कर रह गया था। कुछ ही दिनों में उसे शाखा छोड़ने पर मजबूर कर दिया गया। और इस प्रकार एक अहंकारी का युग समाप्त हो गया था।

पुष्पांजली ऐसा दिखा रही थी कि वह अग्रवाल की सारी बात ध्यान से सुन रही थी परन्तु अग्रवाल ने महसूस किया कि उसके दिमाग में कुछ अलग ही खिचड़ी पक रही थी। उसे अपने विचारों में खोया जान अग्रवाल ने रामसेवक की ओर मुखातिब होकर पूछा, "सुना है आप रजनी की बहुत सहायता करते हैं?"

रामसेवक कुछ शर्माकर कुछ अपनी प्रशंसा समझकर अपने चेहरे पर मुस्कान लाकर, "भाई साहब सहायता क्या बस समय पास कर लेने का बहाना है।"

"वैसे रजनी घर के काम तो सभी जानती होगी?"

"हाँ भाई साहब, लगभग सभी काम कर लेती है।"

"तो फिर आप अपना समय पास करने के लिए सहायता करते हो या रजनी को कामचोर सिद्ध करने की कोशिश करते हो?"

अचानक रामसेवक को जैसे बिजली का करंट सा लगा। वह तिलमिला कर बोला, "भाई साहब आप यह क्या कह रहे हो?"

"क्योंकि आप भी अपने घर के सदस्यों के साथ सुर मिलाकर यही कह रहे थे कि रजनी कामचोर है।"

राम सेवक बगलें झांकने लगा। उसे कुछ उत्तर न सूझा। इस पर अग्रवाल ने उससे कहा, "राम सेवक जी, आपके लिए घर के बाहर करने के ऐसे बहुत से काम हैं जो आपको करने चाहिए। उन्हें निभाने की बजाय आप उन पर ज्यादा ध्यान देते हो जिन्हें पूरा करने के लिए घर में और सदस्य मौजूद हैं।"

"भाई साहब ऐसा तो नहीं है।"

"क्यों नहीं है, क्या आपने अपना मकान बनवाने की कभी कोशिश की थी।"

राम सेवक, चुप रहा।

"आपने क्या आपके बच्चों ने भी केवल उस दिन ही दर्शन दिए थे जिस दिन इस मकान की छत डाली जा रही थी।"

"क्या यह काम केवल पुष्पांजली का ही था?"

राम सेवक फिर चुप रहा।

"अब आप पुत्रवधू के साथ रसोई में घुसकर यह दर्शाना चाहते हैं कि आप ही काम कर रहे हैं। जिससे रजनी को काम चोर कहा जा सके।"

राम सेवक से कोई जवाब नहीं बन रहा था।

"घर में जिन्हें रसोई में सहायता करनी चाहिए वे बनी ठनी पलंग तोड़ें और कामचोर वह बाजे जो वास्तव में काम कर रहा है।"

अग्रवाल के शब्द सुनकर पुष्पांजली से न रहा गया, "भाई साहब ऐसी बात नहीं है हम सब इसकी सहायता करते हैं।"

"सहायता करते हो, इसका मतलब रजनी साथ काम तो करती है। फिर केवल उसी को काम चोर का दर्जा क्यों दिया जाता है?"

पुष्पांजली ने तर्क दिया, "यह विनीत, विजया और राम सेवक जी के चले जाने के बाद अपने कोप भवन में घुस जाती है और तभी निकलती है जब इसे अपने लिए कुछ जरूरत होती है।"

बात ज्यादा न बढ़ाते हुए अग्रवाल ने राम सेवक को वक्त पर अपनी दो रोटी के अलावा बहू से पुष्पांजली का पक्ष लेकर किसी प्रकार की कहा सुनी न करने को कहा।

अग्रवाल ने जब विजया को भी सलाह दी कि वही तो है जिसे रजनी अपने दिल की बात बता सकती है अत: अपनी भाभी को खुश रहने में उसका सहयोग करे तो वह मुँह बनाकर बोली, "मन की बात। मन की बात तो वह तब बताएगी पहले सीधे मुँह बोल तो ले।"

"विनीत की शादी हुए अभी मुश्किल से दो ही महीने बीते हैं फिर इतनी जल्दी नन्द भाभी के बीच कड़वाहट कैसे आ गई?"

विजया ने अपनी माँ के अंदाज में कहा, "पता नहीं अपने आप को क्या समझती है।"

"बिटिया तेरी भाभी ही समझती होगी और क्या समझेगी।"

"अगर ऐसा समझे तो बात ही क्या।"

"मतलब।"

"ताऊ जी आपको क्या बताऊँ मुझे आपके सामने कहने में भी शर्म आती है।"

"ऐसी क्या बात है?"

"मैं ऑफिस जाने के लिए जब इसकी ड्रेसिंग टेबल के सामने जाती थी तो पीछे से बुदबुदाने लगती थी, पता नहीं क्यों इतनी बन ठन कर जाती है। ऊपर से सारी मेज भी गंदी कर देती है।"

"और तुमने अपनी अलग ड्रेसिंग टेबल खरीद ली?"

"और क्या करती?"

"रजनी के आने से पहले भी तो काम चलाती थी?"

कुछ झेंपते हुए, "ताऊ जी पहले की बात कुछ और थी।"

"वह क्या थी?"

विजया, "ताऊ जी आप भी न", कहकर उठकर चल दी।

अग्रवाल ने उसको पीछे से समझाया, "बिटिया कुछ ही दिनों की बात है तुम्हें भी ससुराल जाना है अतः सुलह करने की आदत डाल लो तो अपने जीवन में सुख पाओगी।"

अग्रवाल ने विनीत को जब कहा कि रजनी को कुछ दिनों के लिए उसके पीहर भेज देना हितकर रहेगा तो वह कुछ घबराकर बोला, "ताऊ जी वह तो तलाक की कह रही है?"

"उसने अपने को बेबस समझकर ही ऐसा कहा होगा।"

रजनी को पीहर भेजने की सोचकर विनीत की घबराहट कम होने का नाम नहीं ले रही थी अतः वह उसी अंदाज में बोला, "पर ताऊ जी इस आशय के बारे में उसने अपने पिता जी को भी फोन कर दिया है।"

अग्रवाल ने बड़े इत्मीनान से समझाया, "विनीत घबराने की कोई बात नहीं है चारों ओर से घिरा एवम् दुख महसूस करने वाला इंसान अपने मन की भड़ास निकालने के लिए कुछ भी कर सकता है।"

विनीत को अपने ताऊ जी के फैसले पर अभी भी विश्वास नहीं हो रहा था अतः अपने मन की शंका निवारण हेतू पूछा, "परन्तु इससे होगा क्या?"

अपनी बातों का विनीत के मन में पक्का विश्वास भरना जरूरी समझ अग्रवाल ने उसे अपने पास बैठाया और कहना शुरू किया, "विनीत तुम अपने पहले पड़ोसी के साथ घटी घटना को तो अच्छी तरह जानते होगे?"

विनीत अपने दिमाग पर जोर डालता दिखाई दिया, "ताऊ जी पूरा अच्छी तरह तो नहीं जानता हाँ उसके लड़के दीपक के साथ भी ऐसा ही कुछ हुआ था।"

मैं बताता हूँ सुनो, "दीपक की पत्नी दया के साथ भी किसी की नहीं बनती थी।"

"वह क्यों ताऊ जी?"

"दीपक की माँ लीला, जैसा अमूमन हर घर में होता है, अपनी बेटी से घर का कोई काम नहीं कराना चाहती थी।" लीला के अनुसार शाम को वह अपने ऑफिस से आते-आते इतनी थक जाती थी कि आते ही उसे थोड़ी देर के लिए बिस्तर पकड़ना जरूरी हो जाता था।

सुबह ऑफिस जाने की जल्दी के तहत वह दया के काम में हाथ नहीं बटा सकती थी।

लीला खुद अपनी उम्र का तकाजा देकर बिस्तर ही न छोड़ती थी।

हालांकि दया की उम्र अपनी ननद से कम थी परंतु काम का बोझ उस पर ज्यादा था।

दया सारा दिन कोल्हू के बैल की तरह घर के काम में जुटी रहती थी फिर भी घर का कोई सदस्य उसकी तारीफ नहीं करता था।

नेक नियम से काम करने वाली स्त्री कितने दिन अपनी भर्त्सना सुन और सहन कर सकती है।

एक दिन दया के सब्र का बाँध टूट गया और उसने घरवालों के खिलाफ बगावत का बिगुल बजा दिया।

घर में कलह का साम्राज्य स्थापित हो गया।

लीला के साथ उसके सभी सगे संबंधी दया को ही दोषी ठहराने लगे।

स्थिति यह आ गई कि सभी दीपक को दया से तलाक लेने के लिए उकसाने लगे।

दीपक जिसने अभी अपना गृहस्थ जीवन अच्छी तरह शुरू भी नहीं किया था टूटने के कगार पर आ गया था।

एक तरफ उसके अपने सगे थे तो दूसरी तरफ उसकी अर्धांगिनी।

दीपक अभी परिपक्व नहीं था अत: किसी भी निर्णय पर पहुँचने के लिए अपने को असमर्थ पा रहा था।

दीपक की दिमागी हालत का अंदाजा उसके पापा को था परन्तु अपने सभी घरवालों के विरोधाभास के चलते एक दम किसी पर अपना कोई निर्णय थोपना उचित नहीं समझता था।

दीपक के पापा को जल्दी में फैसला न कर सहज पके सो मीठा होए की कहावत पर पूरा भरोसा था।

इतना सब बताकर अग्रवाल ने विनीत से पूछा, "तुम्हें इतना तो पता होगा कि अंत में दीपक के पापा की सूझ बूझ से उनके घर में सुख शांति लौट आई थी जो आज तक बरकरार है।

"हाँ ताऊ जी दीपक और दया अब तो बहुत खुश हैं और उनके घर में सुख शांति का वास है।"

फिर कुछ सोचकर विनीत बेदम सी आवाज में बुदबुदाया, "परन्तु यहाँ तो मेरे पापा...जी...भी...?"

अग्रवाल ने विनीत के विचारों को भांपकर उसका साहस बढ़ाने के लिए हंसकर कहा, "चिंता मत कर मैं हूँ न तेरा ताऊ जी।"

इस पर दोनों अग्रवाल ओर विनीत ठहाका मारे बिना न रह सके।

अब अग्रवाल ने विनीत की पीठ थपथपाते हुए जोड़ा, "समझ लो कि मैंने तुम दोनों की मनोकामना को जान लिया है कि न तो तुम और न ही रजनी दिल से तलाक चाहती है। जैसे तुम उसे पीहर भेजने में सकुचा रहे हो देखना थोड़े दिनों में ही उसकी खबर आएगी कि वह वापिस अपनी ससुराल आना चाहती है।"

अग्रवाल की बात सुनकर विनीत के चेहरे से थोड़ी उदासीनता कम हुई और उसने अपने हथियार डालते हुए कहा, "देख लो ताऊ जी।"

अग्रवाल ने विनीत को अपनी गृहस्थी को सुचारू रूप से चलाने का एक और रामबाण नुक्सा दिया, "विनीत एक बात और, अगर तुम दोनों माता-पिता बनने की राह पकड़ लो तो तुम्हारे घर की कलह और भी जल्दी समाप्त हो जाएगी।"

विनीत ने शर्मा कर तथा असमंजसता से अपने ताऊ जी के चेहरे को निहारा शायद वह पूछकर आश्वस्त होना चाहता था कि क्या ऐसा संभव है। परन्तु अपने ताऊ जी के मुख मंडल पर दृढ़ निश्चय तथा भीनी-भीनी मुस्कुराहट भांपकर ऐसा करने की उसकी हिम्मत नहीं हुई। मन ही मन विनीत ने अपने ताऊ जी की युक्ति को अपनाने का मन बना लिया और अंदर ही अंदर वह हँसने लगा।

रजनी को उसके पीहर भेज दिया गया। एक महीने बाद उसकी खबर आई कि वह माँ बनने की राह पर है। यह सूचना मिलते ही विनीत फूला न समाया। पुष्पांजली की तरफ से तो किसी प्रतिक्रिया का पता नहीं चला परन्तु विनीत को विश्वास हो गया कि उसके ताऊ जी ने उसे नेक सलाह दी थी। वह ख्यालों में खो गया:

"अब जब रजनी आएगी तो मम्मी जी उसकी कोख में अपने वंश की बेल को बढ़ते देख फूली नहीं समाएँगी।"

"मन की पुरानी रंजीश भूलकर दोनों आपस में मिल जुलकर रहेगी।"

"कामचोर का तगमा न देकर अब मम्मी उसे खुद अधिक काम न करने की सलाह देंगी।"

"रजनी ने अपने गर्भवती होने की खबर देकर यह साबित कर दिया है कि वह दिल से तलाक नहीं चाहती थी।"

"गोद में एक खिलौना सा पोता पाकर पुष्पांजली को रजनी का ख्याल ही नहीं रहेगा कि वह क्या कर रही है।"

"वह अपने पोते में इतनी उलझी रहेगी कि उसे अपनी बीमारी का भी एहसास होना बंद हो जाएगा।" वह अपने साज श्रृंगार पर भी इतना ध्यान नहीं देगी क्योंकि उसे महसूस हो जाएगा कि वह दादी जी बन गई है।"

"रजनी भी अपने बच्चे के स्वास्थ्य का ख्याल रखते हुए घर के दूसरे कामों के साथ अपने घर की साफ़ सफाई तथा झाडू पौचा करने में भी कोई परहेज नहीं करेगी।"

"अर्थात् एक नवजात संतान पुष्पांजली तथा रजनी दोनों का अपना-अपना अहम उनके मन से हमेशा के लिए उखाड़ फैंकेगी।"

और घर में आने वाली सुख शांति के अहसास ने विनीत को रोमांचित कर दिया।

परन्तु अगले महीने रजनी की खबर ने विनीत की आशाओं के हवाई किलों को ढहा कर रख दिया जब उसने सूचना दी कि वह अभी माँ नहीं बन पाएगी। रजनी ने यह भी इच्छा जाहिर की कि वह वापिस अपनी ससुराल आना चाहती है इसलिए वे लिवाने आ जाएँ। विनीत ने अपनी माँ से जब रजनी की इच्छा बताई तो पुष्पांजली ने कहा, "तुझे लिवाकर लाने की कोई जरूरत नहीं है। अगर वह आना चाहती है तो अपने भाई या बाप किसी के साथ आ जाएगी।"

विनीत ने कुछ कहने के लिए अपना मुँह खोलना चाहा तो पुष्पांजली उसका आशय समझकर पहले ही बोल पड़ी, "मैं समझती हूँ तू क्या कहना चाहता है परन्तु तू नहीं जाएगा।"

मातृ भक्त विनीत अपना दिल मसोस कर रह गया।

रजनी के घर आने से पहले पुष्पांजली ने ऐसा जाल बनाने का मंसूबा बना लिया कि विनीत और रजनी आपस में मिल न सकें। उसने एक घिनौनी चाल चलने की ठान ली। इसके तहत अचानक एक दिन उसने विनीत को अपने पास बड़े प्यार से बिठाया और कहने लगी, "तू अपनी ड्यूटी रात की क्यों नहीं करा लेता?"

विनीत आश्चर्यचकित अपनी माँ के चेहरे को निहारने लगा और पूछा, "क्यों?"

"बेटा घर के ऐसे बहुत से काम होते हैं जो दिन में ही किए जा सकते हैं।"

"परन्तु अभी भी कोई काम बाकी तो नहीं रहता?"

"बाकी तो नहीं रहता परन्तु समय पर भी तो नहीं हो पाता।"

"इससे क्या फर्क पड़ता है।"

"फर्क पड़ता है। तू बिजली और पानी के बिल को ही ले ले। हर महीने जुर्माना देना पड़ता है।"

"हाँ यह तो बात है।"

अपनी बात बनते देख पुष्पांजली ने कहा, "रात की ड्यूटी करने से तू सारे दिन फ्री रहेगा और बहुत से काम बिना किसी चिंता के निबटा सकेगा।"

विनीत ने अपनी ममतायमी माँ की इच्छा पूर्ति के लिए रात की ड्यूटी लगवा ली। जब विनीत रजनी को लेने अपनी ससुराल नहीं पहुँचा तो रजनी का भाई उसे उसकी ससुराल छोड़ आया। कुछ दिन तो सब ठीक चलता रहा परन्तु जीवन फिर पुराने मनमुटाव वाले ढर्रे पर आ गया। रजनी सुबह से दोपहर तक काम में लगी रहती। वह झाड़ू-पौचा, कपड़े धोना,

चूल्हा चौका करते करते इतनी थक जाती थी कि दोपहर होते होते वह बेदम सी होने लगती थी। पुष्पांजली बीमारी का बहाना बनाकर बिस्तर न छोड़ती। विजया अपनी नौकरी पर चली जाती थी। अबकी बार जब से वह पीहर से वापिस आई थी उसे अपने ससुर राम सेवक के लिए भी सुबह पाँच बजे उठकर चाय नाश्ता बनाना पड़ता था।

दोपहर में जब रजनी को फुर्सत में आराम करने के कुछ क्षण मिलते थे उससे पहले ही पुष्पांजली अपने दुलारे विनीत को अपने पास लिटाकर प्यार से उसके सिर पर हाथ फिराकर कहती, "तू भी कुछ आराम कर ले क्योंकि तुझे सारी रात जागते हुए ऑफिस की ड्यूटी निभानी पड़ेगी।"

और विनीत एक आज्ञाकारी बेटे का पूरा फर्ज निभाते हुए वहीं पर निंद्रा के आगोश में समा जाता था। रजनी मन मसोस कर अकेली अपने कमरे में समय बिताने को मजबूर रह जाती थी। शाम होते ही विनीत अपने ऑफिस की जाने की तैयारी में लग जाता था। शाम का काम करने के बाद जब रजनी अपने कमरे में आती तो उसे रोना आ जाता था। नाम को तो वह ब्याहता थी परन्तु उसे अपने पति का सान्ध्यि कभी मिल ही नहीं पाता था। उसकी स्थिति महज एक नौकरानी की हो कर रह गई थी जिसे अपनी सहूलियत के लिए मालिक ने अपने घर में रहने का स्थान दिया हुआ था।

कुछ दिनों में ही उसके ऊपर बाँझ होने का कलंक लगने के सुर उठने लगे। राम सेवक ने एक दिन पुष्पांजली से पूछा, "सुना था रजनी के पैर भारी हैं?"

पुष्पांजली ने बुरा सा मुँह बनाकर, "वह सब इसकी चाल थी।"

"कैसी चाल।"

"पीहर से अपनी ससुराल आने की।"

"क्या मतलब?"

"इसने सोचा था कि अपने वंश की बेल बढ़ते सोच हमारा व्यवहार बदल जाएगा।"

"अब क्या बात है?"

"अजी यह तो बाँझ है।"

"क्या बात करती हो। अभी तो शादी को छः महीने ही हुए हैं?"

"आगे भी यह ऐसे ही रहेगी।"

"तुम दावे के साथ यह कैसे कह सकती हो?"

पुष्पांजली मन ही मन मुस्कुराई, "क्योंकि मैं इसे माँ बनने का मौका ही नहीं दूँगी।"

किसी तरह एक वर्ष बीत गया। एक दिन शालिनी पुष्पांजली के बुलावे पर उसके घर गई थी। रजनी को देखकर उसने पूछा, "रजनी लड्डू कब खिला रही हो?"

रजनी पहले तो शर्मा गई फिर साहस करके बोली, "ताई जी अकेली औरत इस काबिल हो सकती है क्या?"

"क्या मतलब।"

"ताई जी भगवान ने नर और मादा का निर्माण इसीलिए किया है जिससे वंश बढ़ सके।"

"तू मेरे सामने क्या बच्चों सी बात कर रही है। क्या मैं यह नहीं जानती?"

"ताई जी आप तो जानती हैं परन्तु मेरी सास जी शायद नहीं जानती।"

"तू क्या पहेली बुझा रही है। विनीत के अलावा विजया भी उसकी लड़की है। अगर तेरी सास को पता नहीं तो ये दोनों कहाँ से आ गए?"

"ताई जी मुझे भी इस बात का आश्चर्य है।"

"मुझे तेरी ऐसी बातों से कुछ समझ नहीं आ रहा। तू साफ़-साफ़ बता कि क्या बात है?"

रजनी खुली, "ताई जी विनीत रात को ड्यूटी पर जाते हैं। अतः मुझे अकेले रहना पड़ता है।"

"ठीक है।"

"सुबह से दोपहर तक मैं घर के कामों में व्यस्त रहती हूँ।"

"ठीक है।"

जब तक आराम की फुर्सत मिलती है तब तक विनीत अपनी मम्मी जी की ममतामयी थपकी से उनके बिस्तर पर ही निंद्रा के आगोश में समा जाते हैं।"

रजनी की बात सुनकर शालिनी ने पुष्पांजली की तरफ ऐसे निहारा जैसे आँखों ही आँखों में पूछ रही हों कि क्या ऐसा ही है। इधर रजनी ने शालिनी से प्रश्न किया, "अब आप ही बताईये कि मैं बाँझ हूँ या मुझे बनाया जा रहा है?"

शालिनी ने रजनी को तो कह दिया कि पुष्पांजली से इस बारे में बात करेगी परन्तु वह यह सोचकर चुप रही कि इस बारे में अपने पति अग्रवाल से कहना ठीक रहेगा कि वह विनीत को समझाए कि मातृ भक्त के साथ उसका अपनी पत्नी के प्रति भी कुछ फर्ज बनता है। और वह वापिस अपने घर आ गई।

समाधान

ऑफिस से वापिस आने पर अपनी पत्नी के साथ अपने ड्राईंग रूम में बैठी औरत को देखकर अग्रवाल दंग रह गया था। विश्वास नहीं हो पा रहा था कि जिस औरत को वह पिछले बीस सालों से जानता था, वह वही थी। बीस साल क्या अभी तीन महीने पहले की ही तो बात है। पुष्पांजली जिसके चेहरे की मंद-मंद मुस्कान, बात-बात पर खिलखिला कर उन्मुक्त हंसी हंसना तथा जिसकी बोली का मिठास बरबस सामने वाले को, उसके दिल में कि काश मैं भी पुष्पांजली जैसी होती, जलन महसूस करने पर मजबूर कर देती थी।

जैसे बगीचे में फूलों की खुशबू से सारा चमन महकता रहता है तथा भ्रमण करने वाले हर व्यक्ति का मन प्रफुल्लित हो जाता है उसी प्रकार पुष्पांजली भी जहाँ बैठ जाती थी अपने आसपास बैठने वाले का मन मोह लेती थी। वास्तव में ही वह अपने नाम को सार्थक कर रही थी। परन्तु आज वह निश्चल, उदास, गंभीर, गहन सोच मुद्रा एवं आँखों में आँसू लिए बैठी थी। वह मात्र एक जीता जागता कंकाल लग रही थी।

किसी के अंदर दाखिल होने की आहट पाकर पुष्पांजली की तंद्रा भंग हुई। वह खड़ी हो गयी तथा अग्रवाल को देखकर दोनों हाथ जोड़कर अपने चिर परिचित अंदाज में बोली, "भाई साहब नमस्ते।"

पुष्पांजली अग्रवाल की पत्नी की पक्की सहेली थी। अग्रवाल के बढ़ते कदम रूक गए। उसने पीछे मुड़कर देखा। उसकी पत्नी कह रही थी, "जरा पुष्पांजली के दिल की बात सुन लो।"

अग्रवाल वापिस मुड़कर ड्राईग रूप के दरवाजे पर आकर खड़ा हो गया तथा पुष्पांजली की तरफ देखकर अनायास ही उसके मुख से निकला, "आपको क्या हो गया जो तीन महीने में ही इतनी कमजोर हो गयी हो आप तो ठीक से पहचानी भी नहीं जा रही?"

पुष्पांजली ने नीरसता से जवाब दिया, "भाई साहब सब भाग्य के ही खेल हैं।"

"अभी तीन महीने पहले तो आप अपने बेटे के विवाह में खुद एक दुल्हन जैसी दिख रही थी फिर अचानक?"

क्षण मात्र के लिए पुष्पांजली के चेहरे पर लालिमा दिखाई दी फिर उसने एक लंबी सांस लेकर अग्रवाल को बीच में ही टोक कर कहा, "भाई साहब न जाने हमारे घर पर किस का ग्रहण लगा है कि शादी के बाद कुछ भी ठीक नहीं चल रहा है।"

"शादी के बाद। बहू का व्यवहार तो ठीक है न?" अग्रवाल ने अपने मन में उपजी शंका का निवारण करने हेतू पूछा।

पुष्पांजली "भाई साहब मेरी और जीजी की किस्मत एक जैसी है' कहने मात्र से ही अग्रवाल उसके मन में पनप रही नीरसता की भावना का आशय समझ गया था। यह सोचकर कि उस स्थिति का असर पुष्पांजली के परिवार के और सदस्यों पर भी पड़ा होगा अग्रवाल ने जानना चाहा, "राम सेवक जी तो स्वस्थ हैं?"

"भाई साहब दुःख दर्द का उन पर तो मेरे से पहले असर हो जाता है। वे दो महीने से बीमार चल रहे हैं। नौकरी भी ठीक से नहीं निभा पा रहे हैं।"

"अरे इतना सब कुछ हो रहा है और आपने जिक्र भी नहीं किया?"

"राम सेवक जी ने तो बहुत बार पूछा कि न जाने भाई साहब ने क्यों अचानक यहाँ आना ही छोड़ दिया है?"

"मैं तो यही सोचे बैठा था कि सब कुछ कुशल मंगल से चल रहा होगा। अगर ऐसा नहीं था तो कम से कम अंदाजा तो दे देना था।"

"भाई साहब आपने पहले ही हम पर इतने एहसान किए है फिर आपकी अपनी सेहत भी कोई खास ठीक नहीं रहती। इसलिए आपको और चिंता में डालना नहीं चाहती थी।"

"देखों एहसान की बात मत किया करो। जब अपना मान ही लिया है तो यह एहसान शब्द बीच में नहीं आना चाहिए।"

पुष्पांजली हाथ जोड़कर, "गलती हो गई, भाई साहब आज के बाद ऐसा नहीं कहूँगी।"

अग्रवाल पुष्पांजली की उसके कहने "भाई साहब मेरी और जीजी की किस्मत एक सी है" से ही समझ गया था कि समस्या क्या है, और यह आभास अग्रवाल को उसकी पुत्र वधू को पहली नजर में देखने पर हो गया था कि भविष्य में क्या गुल खिलने वाले हैं। परन्तु उसने उस समय अधिक विस्तार से न कहकर केवल इतना कहा था, "पुष्पांजली आपने अपना जीवन जहाँ से शुरू किया था विनीत को आपने वहीं से शुरू करने पर मजबूर कर दिया है।"

अग्रवाल की बात सुनकर पुष्पांजली ने कोई जवाब नहीं दिया, वह चुप रही।

अग्रवाल ने सीधा प्रश्न किया, "वैसे समस्या क्या है?"

धीरे-धीरे पुष्पांजली ने अपने दिल में बसी चुभने वाली सारी बातें उड़ेलनी शुरू कर दी। अंत में उसने एक ठंडी व लंबी सांस भरी तथा शांत हो गयी। ऐसा लगा जैसे बहुत दिनों से उसके मन में जो गुब्बार भरा था वह निकालने से उसने बहुत हल्कापन महसूस किया था तभी तो वह एक ठंडी व लंबी सांस लेकर थोड़ी देर के लिए शांत हो गयी थी जैसे उसे बहुत भारी चैन का अनुभव हुआ था।

आश्वस्त होने पर उसने फिर कहना शुरू किया। भाई साहब शायद आपको नहीं पता परन्तु मैं जानती हूँ कि आप पिछले 20 साल से मुझे निस्वार्थ सहयोग करते आ रहे हैं। अब आपके कारण ही मैं अपने मकान में रह रही हूँ। आपके कारण ही मैं अपने लड़के की शादी करने में समर्थ हो पाई हूँ। शायद यह मेरे पिछले जन्म के ही पुण्य होंगे जो मुझे आपका सहारा मिला। जैसे अब तक आपने मेरी नैया के खीवईया बनकर मेरी नैया को पार लगा दिया है अब एक और एह... नहीं नहीं एक और समस्या के तारणहार बन जाओ।

अग्रवाल पुष्पांजली के क्या किसी के भी पारिवारिक मामले में उलझना नहीं चाहता था। उसे पुष्पांजली के परिवार की आर्थिक स्थिति के बारे में पूरा अंदाजा था इसलिए उसने पुष्पांजली का मकान बनवाने के लिए उनकी आर्थिक सहायता करवा दी थी परंतु उनके अंदरूनी मामले से वह दूर ही रहना चाहता था। इसलिए पूछा, "क्या मतलब?"

पुष्पांजली अपने स्थान से उठी तथा अग्रवाल के पास आकर नीचे झुकते हुए बोली, "कृप्या मेरी इस समस्या का निदान और कर दो जिससे हमारा परिवार बाकी का जीवन सुख चैन से बिता सके।"

अग्रवाल अपने स्थान से पीछे हटते हुए बोला, "देखो ऐसा मत करो। दया तथा कृप्या तो ऊपर वाला ही करता है। हम तो कोशिश ही कर सकते हैं। वैसे आप अपने लड़के को भेजना। पहले मैं उससे सलाह करूँगा कि क्या करना उचित रहेगा।"

अग्रवाल के उसकी गूढ़ समस्या को हल करने के प्रयास के हाँ कहने मात्र से ही पुष्पांजली के चेहरे पर संतुष्टता के भाव उभर आए। जाते जाते पुष्पांजली का मुख मंडल पहले की तरह ताजे पुष्प के माफिक तो नहीं फिर भी कुम्लाहे सुमन पर ठंडा पानी छिड़कने से जैसी रौनक उभर आती है वैसी रौनक उभर आई थी।

विनीत की हालत भी अपनी मम्मी से बेहतर नहीं थी। पता चला कि वह रात के समय एकांत के समय में इन्हीं तनाव के सागर में गोते लगाता रहता था। सोचने में वह इतना तल्लीन हो जाता था कि किसी तरह की कोई खबर ही न रहती कि उसके आस-पास क्या हो रहा है। उसकी रात की नींद तथा दिन का चैन छीन गया था। लगा वह तन मन से थक गया था। यह भी बात सामने आई कि हमेशा इसी सोच में डूबे रहने के कारण वह ऑफिस में काम करते समय भी तनावग्रस्त रहने लगा था तथा गलतियाँ करने लगा था। साफ़ पता चल रहा था कि उसकी सेहत दिन प्रतिदिन बद से बदतर होती जा रही थी।

विनीत को देखकर अग्रवाल ने पूछा, "क्या बात है मुरझाए से लग रहे हो?"

विनीत ने एक ठंडी सांस ली और थका सा सोफे पर बैठकर कहा, "ताऊ जी घर में कलह की वजह से परेशान हूँ।"

"घर में कलह का कारण क्या है?"

"सास बहू की आपसी नोक झोंक जिसका कोई अंत नहीं होता।"

"कुछ तो कारण होता होगा?"

"घर के काम को लेकर।"

"क्यों रजनी ठीक से काम नहीं करती क्या?"

"मेरे हिसाब से तो ठीक करती है परन्तु मेरी मम्मी जी.....।"

विनीत कहता-कहता बीच में ही रूक गया। शायद उसमें इतनी हिम्मत नहीं थी कि अपनी मम्मी जी को गलत ठहरा सके। उसे चुप देख अग्रवाल ने पूछा, "अब रजनी कहाँ है?"

"वह तो छः महीने से अपने पीहर है?"

अग्रवाल असंजमस से, "छः महीने से?"

अग्रवाल ने उसे सान्तवना देकर कहा, "देखो चिंता चिता का रास्ता बन जाती है अगर उसे समाप्त न किया जाए। मायूस होकर बैठने से समाधान नहीं मिलता उसके लिए जुगाड़ करना पड़ता है जैसे मंजिल पर पहुँचने के लिए चलना पड़ता है।" और अग्रवाल ने विनीत को एक रास्ता सुझाया। विनीत ने जल्दी ही उस पर अमल भी करना शुरू कर दिया।

रजनी को अपनी ससुराल छोड़े लगभग छः महीने व्यतीत हो गए थे। इस दौरान न तो विनीत का कोई फोन ही आया तथा न ही कोई चिट्ठी आई। रजनी प्रत्येक दिन कम्प्यूटर पर अपने पति विनीत की मेल, इस आशा में कि हो सकता है वे उसे याद करने का यही मार्ग अपना लें, खोलकर भी देख लेती थी। परन्तु अभी तक उसे निराशा ही हाथ लगी थी। जैसे-जैसे समय बीतता जा रहा था रजनी के साथ-साथ उसके माता-पिता का तनाव भी बढ़ता जा रहा था।

रजनी को याद आने लगा उसके प्रति विनीत का प्यार, उसकी जिद के आगे झुकना, उसे खुश रखने का हर प्रयास करना परन्तु उसने अपने अहम तथा अपनी सास के अहंकार को खत्म करने के खातिर अपने पैरों पर खुद ही कुल्हाड़ी मार ली। उसे ससुराल में रहकर ही अपने पति की सहायता से समस्या को सुलझा लेना चाहिए था। अब वह क्या करे यहीं सोच कर उसकी कंपकपी छूट गयी और वह फूट-फूट कर रोने लगी।

आज उसने ज्यों ही कम्प्यूटर पर अपने पति की मेल देखी तो उसकी खुशी का पारावार नहीं रहा। उसे जैसे अमृत मिल गया हो। उसने बिना देर लगाए उस पर अपनी नजरें गड़ा दी और पढ़ने लगी। ज्यों-ज्यों वह पढ़ती जा रही थी उसका दिल बैठे जा रहा था। ऐसा महसूस हो रहा था जैसे जिस प्याले को उसने अमृत समझकर पीना शुरू किया था वास्तव में वह जहर का प्याला निकला। लिखा था, "एक सुन्दर, सुशील, एम.बी.ए. नौकरीपेशा परन्तु तलाक शुदा ब्राह्मण परिवार के लड़के के लिए आवश्यकता है एक सुन्दर, सुशील, गृहकार्य में दक्ष, मिलन सार एवं पढ़ी लिखी

लड़की की। बेहतर होगा कि वह वर पक्ष के परिवार के सदस्यों की भावनाओं व संवेदनाओं को भांपते हुए तथा उदार दृष्टिकोण अपनाते हुए घुल-मिल कर रह सके।"

पढ़ते पढ़ते रजनी के हाथ पाँव कांपने लगे। वह पसीने से लथपथ हो गई। एक बात से रजनी के चोर मन को सान्तवना मिली जब उसने बीच में रूक कर सोचा कि यह इश्तहार विनीत का नहीं हो सकता क्योंकि वह तलाकशुदा नहीं है। उसने अपने को आश्वस्त करने के लिए एक बार और उसे दोहराया परन्तु उसकी यह धारणा धराशाही हो गई जब रजनी ने नीचे लिखा पता देखा:

भेजने वाला: विनीत
म. न. 653 हुड्डा
टेलीफोन: 9313984463

एक बार उसकी चीख निकल गई। नहीं नहीं ऐसा नहीं हो सकता। विनीत मुझे तलाक नहीं दे सकता। उसकी चीख सुनकर उसके माता-पिता दौड़े आए और अपनी लड़की ही हालत देख कर दंग रह गए। वह अपने होश खोकर निढ़ाल सी होती जा रही थी। पिता ने उसे सहारा देकर पूछा, "क्या बात है बेटी इतनी परेशान क्यों है?"

रजनी ने बिना कुछ कहे बड़े ही नीरस नज़रों से कम्प्यूटर के परदे की तरफ इशारा किया और टुकुर टुकुर देखने लगी। जब उसके माता पिता कम्प्यूटर के पर्दे पर लिखे को पढ़ने लगे तो रजनी अपने ही ख्यालों में खो गई। उसके कृत्य जो उसने विनीत और उसके परिवार के साथ किए थे उसके जहन में चलचित्र की भाँति एक एक करके आँखों के सामने आने लगे।

शादी के बाद दो तीन महीने ही बीते होंगे कि एक रात को रजनी ने अचानक विनीत से कहा, "विनीत इस घर के माहौल में मेरा दम घुटता है। मैं अलग रहना चाहती हूँ।"

रजनी की बात सुनकर विनीत थोड़ी देर के लिए अवाक खड़ा अपनी पत्नी को देखता रह गया। उसने सपने में भी नहीं सोचा था कि रजनी कभी ऐसा निर्णय भी ले सकती है। उसने संयम बरतते हुए पूछा, "इतनी जल्दी ऐसा क्या हो गया जो तुम ऐसी बात कर रही हो?"

"इस घर में मुझे सभी ढोंगी तथा ड्रामें बाज समझते हैं।"

"तुम घर का काम तो करती हो परन्तु ऊपरी मन से गिरते पड़ते जिससे वह ड्रामा ही लगता है।"

रजनी आवेश में बोली, "अच्छा तुम भी, तो ठीक है, मुझे अपने ढंग से जीने की आजादी चाहिए?"

"तुम्हारा इस आजादी का मतलब क्या है?"

"मेरा मतलब साफ है। मैं कुछ भी पहनूँ, कुछ भी खाऊँ, कुछ भी करूँ उसमें मुझे किसी की भी, किसी प्रकार की भी टोका टाकी पसंद नहीं है।"

"अब भी तो तुम ऐसा ही कर रही हो। सभी के कहने के बावजूद तुम सुबह साढ़े आठ बजे से पहले बिस्तर नहीं छोड़ती। जबकि तुम्हें पता है मेरी माँ रोज सुबह साढ़े पाँच बजे उठकर मेरे पापा जी के लिए खाना तैयार करती है।"

रजनी गुर्राई, "सुबह उठती नहीं तो क्या, इस घर में मुझे चैन से सोने ही कौन देता है?"

विनीत कुछ झल्लाकर बोला, "बिस्तर छोड़ती भी नहीं, सोती भी नहीं तो फिर क्या करती हो?"

रजनी ने तपाक से जवाब दिया, "करवटें बदलती रहती हूँ।"

"क्यों भला। वैसे तुम्हे पता है कि तुम कह क्या रही हो?"

रजनी ने दृढ़ता से जवाब दिया, "मैं ठीक कह रही हूँ। रात को आप ड्यूटी निभाते हो। सुबह तीन बजे आते हो जिससे मेरी नींद उचट जाती है। सुबह सवेरे माताजी की खटपट शुरू हो जाती है क्योंकि उन्हें पापा जी का टिफिन तैयार करना पड़ता है। इसके बाद तुम्हारी लाडली बहन का मेरे कमरे में चक्कर काटना शुरू हो जाता है क्योंकि उसे ऑफिस में दिखाने के लिए श्रृंगार करने को ड्रेसिंग टेबल की जरूरत पड़ती है। अब आप ही बताओं मेरी आठ घंटे की नींद कहाँ पूरी हो पाती है?"

विनीत ने रजनी को आराम से समझाना चाहा, "तुम तो दोपहर में भी आराम कर लेती हो। कभी हमारे परिवार वालों की तरफ भी ध्यान दिया है। इतनी उम्र में भी मम्मी जी सुबह से काम में लग जाती हैं। वे पापा जी का, गुड़िया का तथा मेरा टिफिन तैयार करती हैं। यह सोचकर कि तुम्हारे आराम में खलल्ल पड़ेगा वे तुम्हें आवाज भी नहीं लगाती और तुम अपने आप उनकी सहायता को उठती नहीं।"

रजनी जलभुन कर बोली, "रहने दो रहने दो, अपनी मम्मी की तारीफ के ज्यादा पुल मत बाँधो। पापा जी अपनी तनखा भी तो लाकर उनके हाथ पर रख देते हैं। और एक मैं हूँ जिसको एक एक पैसे के लिए मोहताज की तरह दूसरों का मुँह ताकना पड़ता है।"

"मैं मम्मी जी की तारीफ बेकार में नहीं कर रहा हूँ। वे तुम्हें बना ठना हमेशा नई नवेली दुल्हन की तरह देखना चाहती हैं। हालाँकि वे तुम्हें खाना बनाना सिखाना चाहती हैं परन्तु इंतजार कर रही हैं कि कब तुम्हारे अंदर ऐसा करने की जागृति पैदा हो। गुड़िया तो फिर भी मम्मी जी के काम में हाथ बंटा देती है परन्तु तुम...।"

जैसे पुलिस वाला चौराहे पर खड़ा चलती ट्रैफिक को रोकने के लिए अपना हाथ उठाकर इशारा करता है उसी प्रकार रजनी ने अपने हाथ के इशारे से विनीत की बोलती बंद करते हुए कहा, "बस बस बंद करो। अब

अपनी मम्मी के साथ साथ अपनी बहन की तारीफ के कसीदे भी काढ़ने लगे।"

"क्यों तारीफ लायक काम करने वालों की तारीफ करने में क्या बुराई है?"

विनीत की बात सुनकर रजनी बिफर पड़ी, "हाँ हाँ मैं तो निक्कमी हूँ, जाहिल हूँ, गँवार हूँ, हर समय शीशे के सामने खड़ी शृंगार करने के अलावा घर का कुछ काम नहीं करती।"

विनीत ने सफाई दी, "देखो रजनी, खाना माँ तथा गुड़िया मिलकर बनाती हैं, झाड़ू, पोछा तथा बर्तन मांजने वाली बाई लगी ही हैं। घर में कपड़े धोने का काम और रह जाता है परन्तु उसमें भी तुम अपने कपड़े धोकर हाथ साफ कर लेती हो। फिर बताओ तुम किस काम में सहायता करती हो?"

विनीत की बात सुनकर रजनी बिफर पड़ी, "आपको तो पत्नी क्या होती है इसका ज्ञान भी नहीं है। इस घर में मैं क्या काम करती हूँ, कैसे रहती हूँ, मैं कौन हूँ आपको कुछ पता नहीं। मैं आपको बताती हूँ। सुबह पापा जी तथा विजया का खाना मैं बनाती हूँ। जब से मैं आई हूँ झाड़ू, पौचा, बर्तन तथा कपड़े मैं ही धोती हूँ क्योंकि बाईयों की छुट्टी कर दी गई है। आप रात को चले जाते हैं, दिन में सोते हैं आपको अपनी पत्नी के लिए समय ही कहाँ है। खैर जब मैं कुछ करती ही नहीं तो आप लोगों पर खाने को बोझ भी क्यों बनूँ। मैं अपने मायके जाकर ही रह लूँगी।" और वह अपना सामान बाँधने लगी।

रजनी अपना सामान बाँधने में मशगूल थी। विनीत ने उसे समझाने की कोशिश जारी रखी, "रजनी तुम तो जानती हो कि मैं अपने माँ बाप का इकलौता लड़का हूँ। दोनों की सेहत भी खास ठीक नहीं रहती। अपनी छोटी बहन की जिम्मेदारी भी मुझे निभानी है। ऐसे में मैं अलग घर बसाने की कैसे सोच सकता हूँ?"

रजनी तुनक कर तथा हाथ घुमाकर चिल्लाई, "हाँ हाँ तुम्हारी जिम्मेदारी तो तुम्हारे अपने परिवार तक ही सीमित है। क्या मेरे प्रति तुम्हारी कोई जिम्मेदारी नहीं बनती?"

अपने ऊपर बेबुनियाद आरोप लगते देख विनीत थोड़ा आवेश में बोला, "तुम्हारे प्रति मैं कौन सी जिम्मेदारी नहीं निभा रहा? तुम्हारी हर उल्टी सीधी फरमाईश के सामने झुक जाता हूँ तथा उसे पूरा करने का हर संभव प्रयास करता हूँ। परन्तु जो करना संभव ही नहीं है वह मैं कैसे मान सकता हूँ?"

रजनी ने, जो शायद कुछ समझना ही नहीं चाहती थी, पलटवार किया, "तुम भी अपने माँ बाप की तरह वही पुराने ख्यालों की दुनिया में जी रहे हो जिन्हें घर, परिवार और बच्चों के अलावा कुछ नहीं सूझता। दुनिया की रफ्तार से न तुम्हें तथा उन्हें कोई वास्ता नहीं। लगता है तुम सब एक कुँए के मेंढक बनकर रहने में ही खुश हो।"

विनीत को रजनी के ऐसे कटाक्ष की उम्मीद न थी। वह बाहर से अंदर तक जल भुन गया तथा अपना आपा खोते हुए गुस्से में बोला, "रजनी अपनी जबान पर लगाम दो। तुम अपनी हद से बहुत आगे बढ़ रही हो।"

विनीत का हाथ ऊपर उठा देख रजनी भी आग बबूला हो गई, "हाँ हाँ मारो। यही रह गया था। मैं अब साफ कहे देती हूँ कि मुझे यह रोज रोज की झिकझिक पसंद नहीं। अब मुझे तुम्हारे परिवार के साथ एक पल भी नहीं रहना। और अगर तुम मेरा साथ नहीं निभा सकते तो मुझ से अलग हो जाओ। मुझे तलाक दे दो।"

रजनी के आखिरी शब्दों ने थोड़ी देर के लिए विनीत को किंकर्तव्यमूढ़ कर दिया। उसके पैरों के तले की जमीन खिसकती दिखाई दी। उसकी आँखों के सामने अंधेरा छा गया। उसे गुमान भी नहीं था कि वह इतनी

बड़ी बात कह देगी। विनीत ने संभलकर पूछा, "क्या कह रही हो, तुम्हें तलाक चाहिए?"

"हाँ हाँ मैंने वही कहा है जो तुमने सुना है। मैं अपने माँ-बाप के घर जा रही हूँ जहाँ मुझे किसी बात के लिए नहीं टोका जाता। मुझे देखकर वहाँ कोई मुँह नहीं बनाता बल्कि उन्हें खुशी होती है। तलाक नामा भेज देना मैं दस्तखत कर दूँगी," कहकर रजनी निश्चल विनीत को खड़ा छोड़ अपना सामान लेकर बाहर निकलने लगी।

पुष्पांजली ने अपने मन की पूर्ति होते देख अपनी बहू को स्वयं ही उसके पीहर छोड़ आने का फैसला कर लिया। विनीत भी हर दृष्टिकोण से नाप तौलकर इस निष्कर्ष पर पहुँचा कि आपस में प्रेमभाव, विश्वास, एक दूसरे को समझने की कोशिश तथा सामंजस्य रखने की भावना न हो तो सम्बन्धों को चिरायु नहीं रखा जा सकता। अत: अपने माता पिता के फैसले पर विनीत ने कोई आपत्ति नहीं उठाई।

समय के साथ रजनी को लगने लगा कि वह अब विनीत से अलग नहीं रह पाएगी। परन्तु अभी भी उसके मन के किसी कोने में छिपकर बैठा उसका अहम तथा सास के दोगले व्यवहार का ख्याल उसे पीछे धकेल रहा था।

विनीत की भेजी हुई मेल को क्लिक करके पढ़ने के बाद तो रजनी के होश ही फाख्ता हो गए थे। उसका दिन का चैन तथा रातों की नींद गायब हो गई थी। जैसे बंद पिंजरे में एक शेर, यह सोचकर कि शायद उसे बाहर निकलने के लिए कोई रास्ता मिल जाए, पिंजरे के अंदर ही इधर से उधर चक्कर काटने लगता है। उसी प्रकार रजनी अपने विचारों में खोई, कि इस समस्या का हल क्या होगा, अपने घर में पागलों की तरह एक कोने से दूसरे कोने के चक्कर लगाने लगी। उसकी समझ नहीं आ रहा था कि वह करे तो क्या करे। आखिर उसने अपने अंदर छिपे दंभ को बाहर निकालने में ही अपनी भलाई समझी। अपने मन पर विजय पाने के

पश्चात रजनी ने अपने निर्णय अनुसार मेल भेजा, "मैं बिना शर्त वापिस आ रही हूँ।"

मेल भेजने के बाद रजनी विनीत के जवाब के लिए ऐसे इंतजार करने लगी जैसे एक स्वाती पक्षी, अपनी प्यास बुझाने के लिए, घुमड़ते मेघों से पानी गिरने का इंतजार करता रहता है।"

विनीत की मेल आई। रजनी ने क्लिक किया। छोटा सा जवाब लिखा था, "नहीं तुम मत आना।"

विनीत का जवाब पढ़कर रजनी की रूह काँप गई। उसे विश्वास नहीं हो रहा था कि कभी मेरे सामने हाथ जोड़कर हाड़े खाने वाला व्यक्ति इतना कठोर बन सकता है कि सारे रिश्ते नाते ही भुला दे। रजनी ने अपने आप से कहा कि परिस्थितियाँ मेरी तरह, व्यक्ति को ऐसा कदम उठाने पर मजबूर कर देती हैं और वह फफक फफक कर रो पड़ी रजनी को याद आने लगे विनीत के वे शब्द, जब उसने (रजनी) झूठे ही बताया था, "मैं माँ बनने की राह पर अग्रसर हो चली हूँ।"

विनीत मेरी सुनकर भाव विभोर हो उठा था तथा बोला था, "बहुत खुशी की बात है कि तुम्हें एक माँ का गौरवशाली तथा ममता से भरपूर रूप प्राप्त होने वाला है। साथ ही मैं तुम्हारा आभारी हूँ कि तुम्हारे कारण मुझे भी एक पिता कहलाने का सौभाग्य मिलेगा।"

मैं उन्हें कैसे विश्वास दिलाऊँ कि रजनी के दिल में व्यापत अंधेरा अब छंट चुका है तथा उसका स्थान रजनी के बाद आने वाले प्रकाश से सराबोर उन किरणों ने ले लिया है जो संसार के प्राणियों के जीवन में प्रतिदिन एक नए साहस का संचार करती हैं। रजनी ने अपने कृत्यों का प्रायश्चित करने का दृढ़ निश्चय कर लिया था। उसने अपने मनोभावों से अवगत कराने के लिए विनीत को फोन मिलाया, "विनीत मैं तुम्हारे पास आ रही हूँ सदा...?"

विनीत ने रजनी की पूरी बात सुने ही फोन काटते हुए केवल एक शब्द कहा, "नहीं।"

इस एक नहीं शब्द ने रजनी के मन में इतना अंधेरा भर दिया जैसे की रजनी के बाद में सुबह का प्रकाश कभी दिखाई ही नहीं देगा। वह सारी रात रोती रही तथा सोचती रही कि अब वह क्या करे। वह किसका सहारा ले। दूसरी तरफ विनीत की माँ ने अपने बेटे को गुस्से में "नहीं' कहकर फोन पटकते हुए देख लिया था। उसने विनीत पर अपनी झूठी भावनाओं का विश्वास जमाने हेतू समझाया, "बेटा अब तू बे-रूखी से पेश मत आ। स्त्री होने के नाते मैं दावे के साथ कह सकती हूँ कि रजनी के मन में अब हमारे प्रति अनादर एवं नफरत की भावना समाप्त हो चुकी है। अब वह अपने कृत्यों का प्रायश्चित करना चाहती है तथा उसके दिल में प्यार, स्नेह तथा हमारे प्रति इज्जत की भावना लौट आई है।"

"पर माँ...?"

"अब आगे कोई आनाकानी नहीं। उसे सूचना भेज दे कि तुम उसे लेने आ रहे हो।"

अपनी माँ के मन में रजनी के प्रति किसी प्रकार के कोई रोष को न भांप विनीत सकते में आ गया। उसके विचारों के अनुसार जिस औरत ने उसके पूरे परिवार की नाम में दम कर रखा था माँ ने उसे कितनी आसानी से क्षमा दान दे दिया था। विनीत अपनी माँ के सीने से लगकर फफक फफक कर रो पड़ा। माँ की अंदरूनी भावनाओं से अनभिज्ञ उसके मुँह से निकला, "माँ तुम माँ हो, तुम धन्य हो।"

विनीत माँ के सीने से लगा उसके ऊपरी आडम्बर को तो देख सकता था परन्तु अपनी माँ के सीने में दफन उस घृणित चाल की भनक भी महसूस न कर सका जो सोच रही थी, "आने दे रजनी को उसकी नाक में नकेल डालकर कोल्हू के बैल की तरह न पेला तो मेरा नाम भी पुष्पांजली नहीं।"

रजनी के माता-पिता ने सुबह जब उसका चेहरा देखा तो देखते ही रह गए। सूजी हुई आँखें, पीला चेहरा जैसे शरीर में खून का एक भी कतरा न रह गया हो। उन्हें देखकर रजनी ने उठने की कोशिश की परन्तु अपने को असमर्थ पा बैठी की बैठी रह गई। अपनी लाडली की ऐसी हालत देखकर उसकी माँ ने भयभीत होकर पूछा, "क्या बात है रजनी, कल शाम तक तो तुम ठीक थी। अचानक तुम्हें यह क्या हो गया है?"

अपनी माँ को सामने देखकर एक बार फिर रजनी की रूलाई फूट पड़ी। वह किसी तरह उठी और अपनी माँ के गले लगकर रोते रोते बोली, "माँ...उन्हों...ने,...उन्हों...ने,...वे...मुझे...त..ला..क...दे...रहे...हैं।"

रजनी के शब्दों को सुनकर उसके माँ बाप के होश उड़ गए। उनको अचानक अपनी गलतियों का आभास हुआ कि विनीत के माता पिता की शिकायत के बावजूद उन्होंने अपनी लड़की का पक्ष लिया था। यही नहीं उन्होंने समस्या को सुलझाने का रास्ता अख्तियार करने की बजाय रजनी को अपने पास रखने की भूल की थी। कुछ आश्वस्त होने पर रजनी की माँ ने सवाल किया, "तुम्हें कैसे पता चला?"

..........रजनी कुछ न बोली। वह शून्य को निहारती रही।

पिता ने रजनी को झंकझोड़ कर पूछा, "बोलती क्यों नहीं?"

इस बार रजनी ने मेज पर रखे कम्प्यूटर की तरफ इशारा किया, "उस पर उनकी मेल पढ़ी थी।"

दोनों उतावलापन दिखाकर, "जरा दिखाना क्या लिखा है?"

रजनी विनीत की मेल को क्लिक करके एक तरफ हटकर सुबकने लगी। पिता ने पढ़ना शुरू किया। लिखा था, "माँ के अनुसार एक दुल्हा ही अपनी दुल्हन को अपनी ससुराल से उसकी ससुराल लिवा कर ले

जाता है। अतः तुम्हें आने की जरूरत नहीं है। प्रथा को निभाने मैं तो नहीं आ सकता परन्तु मेरी मम्मी जी आ रही हैं।"

मेल पढ़कर रजनी के पिता जी ने ऐसा जोर का ठहाका लगाया जैसे बात के असर से वे पागल हो गए हों। वे पास रखी कुर्सी पर बैठकर हंसते हुए कम्प्यूटर की तरफ इशारा करने लगे। वे तो अपने मन का बोझ जो उनकी लड़की के पीहर रहने से दिन प्रतिदिन बढ़ता जा रहा था हटने के कारण हंसते ही जा रहे थे परन्तु रजनी और उसकी माँ उनकी मुद्रा देखकर हतपभ्र एवं बेचैन हो गई। रजनी भी अपना दुख भूलकर अपने पिता के व्यवहार को लेकर चिंतित दिखाई देने लगी। अचानक रजनी की निगाह जब कम्प्यूटर के परदे पर पड़ी तो वह अचम्भित होकर उसे देखती रह गई। एक झटके में ही उसका सारा तनाव, तड़प, गिले-शिकवे, रोना एवं दुःख दर्द एवं पिता जी की तरफ से उपजी चिंता सब समाप्त हो गए थे।

ससुराल पहुँचकर जब रजनी अपनी सास के चरण छूने लगी तो सास ने एक झटके में उसे बाँहों से पकड़कर अपने गले लगा लिया और बोली, "ना ना रजनी अपनी बेटियों से पैर नहीं छुआए जाते।"

रजनी गदगद हो उठी। रात को अपने मन का संशय मिटाने के लिए रजनी ने विनीत से जानना चाहा, "क्या वास्तव में ही विनीत तलाक लेना चाहता था?"

विनीत ने रजनी को अपनी बाँहों में भर अपने सीने से लगाकर मुस्कुराकर बताया, "यह तो तुम्हें राह पर लाने के लिए, मेरे ताऊ जी द्वारा सुझाया, धीरे से एक जोर का झटका भर था। भला प्राणों को भी जिस्म से कभी अलग किया जा सकता है।"

रजनी कुछ न बोली। पहले से ही विनीत के स्पर्श से उसे जीवन के परम सुख का आभास हो रहा था। विनीत के विचार सुनकर वह उसके

सीने से और जोर से चिपक गई जैसे सचमुच ही वह विनीत के शरीर में घुसकर उसके प्राण बन जाना चाहती हो।

अग्रवाल के सुझाव से रजनी अपनी ससुराल लौट तो आई थी परन्तु अपने अनुभव से वह शंकित था कि पुष्पांजली उसे अधिक दिन टिकने नहीं देगी। इसलिए उसने विनीत को आगाह करने तथा समझाने का फैसला किया। उसने बिना किसी को नामजद किए विनीत को कहा, "देखों इस संसार में यह पहचानना मुश्किल है कि कौन अपना है और कौन पराया। अधिकांश लोग जीवन भर इस अंतर को न पहचानने के कारण परेशानी में पड़े रहते हैं। मित्र और शत्रु की पहचान तो हो जाती है परन्तु जो अपना या मित्र बनकर शत्रु बना रहता है उनकी पहचान अनुभवी या विवेकशील व्यक्ति ही कर सकता है। अनुभवी लोग व्यक्ति के हाव भाव तथा आँखें देखकर ही पहचान लेते हैं कि सामने वाला व्यक्ति कैसा है। इसीलिए बुजुर्गों और युवा पीढ़ी में अंतर होता है। युवा के पास जोश होता हैं परन्तु होश नहीं होता इसके विपरीत बुजुर्गों के पास होश होता है जोश नहीं होता। इसीलिए युवा अज्ञानतावश अपनेपन का नाटक करने वाले किसी छली, फरेबी, कपटी या स्वार्थी व्यक्ति के चंगुल में फंस कर अपना विनाश कर लेते हैं। कभी कभी स्वभावतः हमारे अपने भी इसमें लिप्त पाए गए हैं। अतः अपनी गृहस्थी सुचारू रूप से निर्वाह करने के लिए बहुत सावधान रहने की जरूरत है।"

रजनी ने अपने मन का अंदेशा विनीत को जता तो दिया था परन्तु वह उसकी आँखों से अपनी माँ की ममता की पट्टी को उतारने में असमर्थ रही और एक दिन रोता बिलखता विनीत फिर अग्रवाल के पास जा पहुँचा। वह बहुत घबराया हुआ था। चेहरे पर हवाईयाँ उड़ रही थी। उसकी हालत देख अग्रवाल सकते में आ गया। विनीत को थोड़ा ढांढस देकर अग्रवाल ने पूछा, "क्या हुआ इतना घबरा क्यों रहे हो?"

विनीत रोकर बोला, "ताऊ जी सब कुछ बर्बाद हो गया।"

"क्या बर्बाद हो गया कुछ बताओगे भी?"

"ताऊ जी वह रजनी...।"

"रजनी क्या?"

"र...ज...नी भाग गई।"

"भाग गई। कहाँ भाग गई?"

"ताऊ जी वह घर पर नहीं है।"

"क्या घर पर कोई नहीं था जब वह बाहर गई थी?"

"मम्मी जी थी।"

"फिर वह कैसे चली गई?"

इस बार विनीत की जुबान उसका साथ देने में असमर्थ जान पड़ रही थी वह हकलाया, "ता....ऊ...जी..., उसने म...म्मी जी के गा...ल...प..र दो थ...प्प...ड़ मारे और बा...ह...र निकल गई।"

"पुष्पांजली को थप्पड़ मारे।"

"हाँ ताऊ जी मम्मी जी तो यही कह रही हैं।"

"क्या घर में कलह चल रही थी?"

"वह तो रजनी के आने के दस बाहर दिनों के बाद ही शुरू हो गई थी।"

"मैंने जो तुम्हें शिक्षा दी थी शायद उस पर तुमने अमल नहीं किया?"

"ताऊ जी उसके बारे में तो मैं तब सोचता जब कोई बाहर का व्यक्ति हमारे घर होता।"

"तो उसने तुम्हारी मम्मी जी को ही थप्पड़ क्यों मारा?"

विनीत निरूत्तर अपने ताऊ जी का चेहरा निहारने लगा और गहन सोच में डूब गया। इधर अग्रवाल ने सोचा कि अहंकार क्रोध को जन्म देता है और क्रोध का उद्देश्य सामने वाले को डराना होता है। क्रोध के समय जिस पर अपने रौद्र की छाप छोड़कर उससे समर्पण कराने की कोशिश की जाती है उसके स्वाभिमान को चोट पहुँचती है जिससे क्षुब्ध होकर सामने वाला प्रतिशोध लेने की सोचने लगता है। ऐसा ही पुष्पांजली और रजनी के बीच हुआ होगा।

विनीत अपने ताऊ जी की दी शिक्षा के आधार पर अतीत के पन्नों को जोड़ने लगा।

"रजनी मेरे पास आने के बाद मुझ से ऐसे लिपट गई थी जैसे अब वह कभी मुझे नहीं छोड़ेगी।"

"माँ के बीमार रहने के कारण वह घर के सारे काम खुद ही निपटा देती थी।"

"अचानक उसे ख्याल आया कि एक हफ्ता पहले वह अपने पिता जी से बात करने की बात कह रही थी। परन्तु मैंने जब कहा कि पूछ क्या रही हो कर लो तो उसने कहा था कि उसके पास फोन नहीं है।"

"इसी समय मम्मी जी ने मुझे किसी काम के लिए आवाज दी थी और मैं रजनी की बात को भूल गया था।"

"उसका फोन कहाँ था?"

यह सोचने के बाद वह उठा और बाहर जाते हुए बोला, "ताऊ जी मुझे कुछ जरूरी काम याद आ गया है मैं आपसे फिर मिलूँगा।

विनीत ने अपने घर जाकर अपनी मम्मी जी से जानना चाहा कि रजनी के पास जो फोन था वह कहाँ है? उसका अचानक यह प्रश्न करना पुष्पांजली को अचंभित कर गया। वह सोचने लगी कि आज यह अपने ताऊ जी के पास से इतनी जल्दी कैसे वापिस लौट आया। आज उसके

चेहरे पर वह आभा भी नजर नहीं आ रही जो अक्सर जब वह वहाँ से लौटता था तो महसूस होती थी। पुष्पांजली ने पूछा, "क्यों क्या बात हो गई?"

विनीत ने आज पहली बार अपनी मम्मी जी के सामने रूखे स्वर में पूछा, "उसके पास अपना फोन था न?"

"हाँ था।"

"फिर एक दिन उसने मेरे से क्यों कहा था कि उसके पास फोन नहीं है?"

पुष्पांजली अपने मन में इस बात पर माँ बेटे के बीच दीवार बन जाने की सोच से सिहर उठी। फिर भी साहस करके बताया, "वे वो वह हमेशा फोन पर ही चिपकी रहती थी इसलिए मैंने लेकर रख लिया था।"

"मम्मी जी क्या उसे अपने घरवालों से बात करने की भी मनाही थी?"

अपने बेटे की बात सुनकर पुष्पांजली को आज पहली बार अपने आज्ञाकारी बेटे के तेवर देखकर डर सा लगने लगा था। वह उठकर खड़ी हो गई और विनीत को बाँहों से पकड़कर अपने पास बैठाकर बड़े प्यार से बोली, "बेटा ऐसी बात नहीं है। तू तो जानता ही है कि वह कितनी कामचोर थी। वह काम कम और बात ज्यादा करती थी बस इसलिए काम के समय उसका फोन ले लेती थी।"

"उसका फोन है कहाँ?"

"उसके कमरे में ही होगा?"

विनीत झट से उठा और कमरे में रजनी का फोन रखा देख अभी कुछ संतुष्ट हुआ ही था कि उसके फोन की घंटी बज उठी। उसने फोन उठाकर पूछा, "हैलो कौन है?"

"मैं रजनी का पापा।"

"क्या रजनी घर सकुशल पहुँच गई है?"

"तुम तो ऐसे पूछ रहे हो जैसे तुम्हें रजनी की बहुत चिंता है।"

"हमें तो उसकी बहुत चिंता है परन्तु उसने अच्छा नहीं किया।"

"हमें का मतलब?"

"मतलब घर के सभी सदस्यों को।"

"तुम सब ने मिलकर मेरी लड़की पर जुल्म के अलावा कुछ नहीं किया।"

"ये सब बेकार की बाते हैं।"

"तुम्हें पता भी है कि पति पत्नी का रिश्ता क्या होता है?"

"आप कैसी बातें कर रहे हैं?"

"मैं ठीक कह रहा हूँ। रजनी को तुम लोगों ने महज एक नौकरानी समझा, हमेशा जेल में रहने वाले एक मुजरिम का दर्जा दिया जिसको बाहर के किसी भी व्यक्ति से मिलने की इजाजत नहीं होती। उसका फोन भी छीनकर रख लिया जाता है। जानते हो रजनी की यह दयनीय हालत हमें उसके फोन से पता चली जो चोरी छुपे उसने पब्लिक बूथ से किया था।"

"क्या! पब्लिक बूथ से किया था?"

"हाँ जी।"

"ऐसा नहीं हो सकता।"

"तुम्हारी आँखों पर ममता की पट्टी बंधी हुई है। तुम्हें अपनी माँ के अलावा कुछ दिखाई नहीं देता।"

"मैं तो रजनी से हमेशा पूछता रहता था कि कहीं उसे किसी प्रकार की तकलीफ तो नहीं है परन्तु उसने कभी कुछ बताया ही नहीं।"

"बताने से क्या फायदा था क्योंकि उसकी बातों को कभी किसी ने कोई तवज्जो ही नहीं दी। बल्कि तुम सबने मिलकर हमेशा उसी की गलती निकाली। आदमी कितना झुक सकता है। कितना सह सकता है। जब पानी सिर से गुजरने लगता है तो हाथ पैर मारने ही पड़ते हैं। वही रजनी ने किया और इसमें कोई गलती नहीं है।"

"अपनी सास को चांटा मारने को आप गलती नहीं मानते?"

"मानता था परन्तु अब नहीं क्योंकि ऐसे परिवेश में रजनी ने सही किया है।"

"कैसा परिवेश?"

"ज्यादा भोले मत बनो। तुम्हारी मम्मी जी ने रजनी को कभी अपनी बहू समझा ही नहीं। वह तो उसके साथ नौकरानी जैसा व्यवहार करती थी। क्या तुम्हें पता है कि गाली गलौच करना, ताने देना, यहाँ तक की बिना कसूर के झापट रसीद करना उनकी आदत बन गई थी।"

विनीत आश्चर्य से जैसे सोकर उठा हो, "आप यह कैसे कैसे इल्जाम लगा रहे हो?"

"मैं इल्जाम नहीं हकीकत बयाँ कर रहा हूँ।"

विनीत अपना सिर पकड़कर बैठ गया। उसे यह तो आभास था कि घर का वातावरण कुछ सौहार्दपूर्ण नहीं रहता परन्तु उसने कभी सोचा भी न था कि उसके चार प्राणियों के घर में ऐसी कटुतापूर्ण माहौल बन गया था। उसकी तंद्रा रजनी के पिता जी की आवाज ने तोड़ी, "अब मेरी बेटी वहाँ नहीं आएगी। वह तुम्हारे सभी के ऊपर एक केस दायर करने जा रही है। अब अपनी करनी का फल भुगतना।" इतना कहकर फोन कट गया।

विनीत थोड़ी देर किंकर्तव्यमूढ़ बैठा रहा फिर एक झटके से अपनी मम्मी के सामने खड़ा होकर उसे घूरने लगा।

आज पहली बार अपने बेटे की गुस्से से भरी लाल आँखों को देखकर किसी अनहोनी ने उसे कंपा दिया। थोड़ी देर माँ बेटे के बीच घूरना और असमंजसता से देखना जारी रहा। दोनों के मुँह पर जैसे ताला लग गया था। शायद दोनों सोच रहे थे कि सामने वाला पहले अपना ताला खोले। आखिर विनीत के सब्र का बाँध समाप्त हो गया और उसने अपना मुँह खोला, "मम्मी जी क्या यह सही है कि आपने रजनी को थप्पड़ मारा था?"

विनीत के अचानक किए गए प्रश्न से पुष्पांजली का पूरा शरीर काँप गया और उसके चेहरे पर पसीने की बूंदे उभर आई। वह मिमयायी, "बेटा वो....वो मेरी कुछ सुनती ही नहीं थी। एक दिन गुस्से में मेरा हाथ उठ गया था।"

अपनी मम्मी की बात सुनकर विनीत बेचैन हो उठा। वह बेबस शेर की तरह उधर चक्कर काटने लगा।

उसकी समझ नहीं आ रहा था कि वह क्या करे। वह बुदबुदाया, "ताऊ जी ने ठीक ही कहा था।"

उसका बुदबुदाना सुनकर पुष्पांजली ने पूछा, "तेरे ताऊ जी क्या कह रहे थे?"

यही कि, "अनुभवी लोग व्यक्ति के हावभाव तथा आँखें देखकर ही पहचान लेते हैं कि सामने वाला व्यक्ति कैसा है। इसीलिए बुजुर्गों और युवा पीढ़ी में अंतर होता है। युवा के पास जोश होता है परन्तु होश नहीं होता इसके विपरीत बुजुर्गों के पास होश होता है जोश नहीं होता। इसीलिए युवा अज्ञानतावश अपनेपन का नाटक करने वाले किसी छली, फरेबी, कपटी या स्वार्थी व्यक्ति के चंगुल में फंस कर अपना विनाश कर लेते हैं। कभी कभी स्वभावतः हमारे अपने भी इसमें लिप्त पाए गए हैं। अतः अपनी गृहस्थी सुचारू रूप से निर्वाह करने के लिए बहुत सावधान रहने की जरूरत है।"

यह सुनकर पुष्पांजली रोते हुए उठी और विनीत से बोली, "बेटा मैंने ऐसा कभी अपने सपने में भी नहीं सोचा था कि ऐसा हो जाएगा।"

"परन्तु मम्मी जी अब ऐसा हो गया है। आपके अहंकार तथा गुस्से ने समाज में आपके साथ हमारी मान, मर्यादा आदर, सत्कार को समाप्त करने का काम किया है।" और वह फफक फफक कर रो उठा।

पुष्पांजली भी विनीत से पीछे न रही। वह भी विलाप करते हुए कहने लगी, "भाई साहब अग्रवाल की नसीहत न मानने का दूसरा फल आज मुझे मिल गया है।"

विनीत आश्चर्य से, "क्या! ताऊ जी ने आपको भी आगाह किया था?"

"हाँ बेटा जब मैंने उनका कहा न मानकर अपना मकान दोमंजिला बनवाना शुरू कर दिया था तो उन्होंने मुझसे कहा था कि जब मेरी सामर्थ्य हो तभी बनवा लेना। इसके बाद रजनी के साथ मेरी खटपट के मद्देनजर भी समझाया था कि अपनी इज्जत अपने हाथ होती है। इसको पाने के लिए दबाव या कोशिश करना काम नहीं आती। यह तो सामने वाले के दिल में आपके प्रति खुद उपजनी चाहिए। अपने अहंकार वश मैंने उनकी इस राय पर भी कोई ध्यान नहीं दिया इसलिए मुझे यह दिन देखना पड़ रहा है। और अब जब रजनी के पिता जी ने धमकी दी है तो ऐसा लगता है कि अग्रवाल जी की तीसरी भविष्यवाणी भी कारगर सिद्ध हो जाएगी।"

विनीत जो अपनी मम्मी की बातें ध्यान से सुन रहा था ने पूछा, "आप किस भविष्यवाणी की बात कर रही हो?"

मैंने ऋण लेकर जब मकान दोमंजिला करना शुरू किया था तो मेरा रवैया तथा हावभाव देखकर उन्होंने चेतावनी सी देते हुए कहा था, "पुष्पांजली कोई भी कर्म करने से पहले इस बात को ध्यान में रखना

चाहिए कि "अहंकार में तीन गए धन, वैभव और वंश।' आज मैं धन और वैभव मतलब आदर सत्कार तो गंवा चुकी हूँ तथा वंश मिटने के कगार पर है। वास्तव में ही अहंकार मनुष्य को विनाश के रास्ते पर अग्रसर कर देता है।"

इसके बाद माँ–बेटा आपस में गले लगकर न जाने कितनी देर तक मातम मनाते रहे। थोड़े दिनों बाद कोर्ट से आए नोटिस ने यह बात साफ कर दी कि विनीत जीवन भर एक बाप बनने से वंचित रह जाएगा अर्थात् पुष्पांजली के वंश का अंत क्योंकि रजनी के अनुसार लिखा था कि न तो वह तलाक लेगी तथा न ही अपने ससुराल जाएगी परन्तु वह विनीत से जीवन भर केवल अपने भरण पोषण का खर्चा लेगी।

मधुर मिलन

राम सेवक, पुष्पांजली, विनीत और विजया। यह चार प्राणियों का सुखमय परिवार था। विनीत की रजनी से शादी के बाद पुष्पांजली के मन में पनपते अहंकार के कारण अचानक उस घर में कलह का साम्राज्य हो गया और स्थिति इतनी भयावह हो गई कि तलाक की नौबत आ गई।

मेरा इस पंडित परिवार से बहुत लगाव था। मैं हमेशा उस परिवार की समस्या के निवारण के बारे में सोचता रहता था। मेरे पूर्वजों का गाँव वाला मकान अब बहुत घनी आबादी के बोझ से दब गया है इसलिए अपनी सेहत को बराबर रखने के लिए मैंने अपना एक नया आशियाना गुड़गाँवा के खुले वातावरण में बना लिया है। इसका यह मतलब कतई नहीं है कि मैंने अपने पैतृक मकान से नाता तोड़ लिया है। आज मैं सुबह सुबह अपने उसी पुराने मकान की पहली मंजिल की खिड़की में बैठा बाहर का नजारा देख रहा था। जब मैं छोटा था तो सामने खुला मैदान था। पेड़ों के झुंड पर तरह तरह के पक्षियों का वास हुआ करता था। मुर्गे की बांग से पता चल जाता था कि सुबह का आगमन हो गया है। सुबह की प्राणदायक समीर की ताजगी तथा चिड़ियों का चहचहाना एक मधुर संगीत बनकर शरीर में स्फूर्ति भर देता था।

आज वहाँ सामने न मैदान था न पेड़। जब ये ही नहीं थे तो पक्षी कहाँ से होते। मैदान अब बहुमंजिली इमारतों से भर गया है जिनमें पक्षियों के रैन बसेरों के लिए कोई स्थान नहीं था। घर में मेरी पत्नी शालिनी के

अलावा सभी निंद्रा की गोद में समाए हुए थे। वह आई और एक कप चाय मेरे हाथों में थमाकर अपने काम में लग गई। मैंने अभी चाय की चुस्की ली ही थी कि अचानक मेरे कानों में चिड़िया के चहचहाने ने रस सा घोल दिया। मैं पुलकित तथा अधीर होकर इधर-उधर उस संगीतमय आवाज के निर्गम सा स्रोत ढूँढने लगा।

मैंने देखा कि सामने छज्जे पर रखे फूलों के गमले पर सुन्दर सी दो चिड़िया बैठी थी। उन्हें देखकर बूढ़ी होती हड्डियों में शक्ति का संचार हुआ और मैंने झट से उठकर उनके आगे चुग्गा डाल दिया। थोड़ा सा खाकर चिड़िया उड़कर आँखों से ओझल हो गई। अभी मैं यह सोच ही रहा था कि इतने दिनों बाद दिखने पर भी वह जी भरकर उन्हें देख भी न पाया कि दोनों चिड़िया अपने मुँह में तिनका दबाए वहाँ आ बैठी। अग्रवाल को समझते देर न लगी कि वे अपना घोंसला बनाने की तैयारी में हैं। परन्तु क्या मेरे द्वारा उनको थोड़ी देर पहले डाले गए चुग्गे से प्रभावित होकर वे तिनका लेकर मेरे सामने आकर बैठी थी।

चिड़ियों का मकसद कुछ भी रहा हो। मैंने उनकी भावनाओं को समझते हुए आनन् फानन में एक घोंसला बनाने योग्य लकड़ी का एक खांचा दीवार पर टांग दिया। मेरे आश्चर्य का ठिकाना न रहा जब मैंने देखा कि उसी मुस्तैदी से चिड़िया ने उस खांचे में तिनके सजाने शुरू कर दिए। अब अग्रवाल के साथ उसके परिवार के और सदस्य भी उनके कारनामों तथा उनकी परवरिश में रूचि लेने लगे थे।

अगले दिन सुबह जब अग्रवाल ने देखा कि अब केवल एक चिड़िया ही तिनके ला रही थी और दूसरी बैठकर धीरे धीरे घोंसले को अंतिम रूप दे रही थी तो उसका माथा ठनका, कहीं दूसरी चिड़िया बीमार तो नहीं हो गई। जब मैंने अपने मन की दुविधा अपनी पत्नी को बताई तो वह मुस्कराते हुए बोली, "मैं मानती हूँ कि घर का बनाना बेशक मर्दो की जिम्मेदारी होती हो परन्तु उसको सजा संवार कर रहने लायक असली घर

बनाना केवल स्त्री यानी मादा ही जानती थी।" अपनी पत्नी का सटीक जवाब सुनकर मेरी समझ आ गया और आँखों ही आँखों में अपनी पत्नी को धन्यवाद कर दिया।

चिड़ियों की दिनचर्या देखते देखते मैं और मेरी पत्नी को पता ही न चला कि दस दिन कैसे बीत गए। अब मादा चिड़िया ने उड़ना लगभग बंद सा ही कर दिया था। ऐसा प्रतीत होता था जैसे मादा चिड़िया किसी तपस्या में लीन थी। केवल नर चिड़िया आती जाती दिखती थी। वास्तव में मादा चिड़िया ने अंडे दे दिए थे तथा वह उनको छाती से लगाए ध्यान मग्न मुद्रा में सेती रहती थी। और एक दिन ऐसा आया जब चिड़ियों ने चीं-चीं, चूं-चू का आलाप करते हुए पंख फड़फड़ा कर, फुदक फुदक कर, नृत्य की मुद्रा में कोहराम मचा दिया।

पता चला कि चार चूजे होने की खुशी में चिड़ियाँ इतना उछल कूद मचा रही थी। धीरे-धीरे बच्चे बड़े हुए और एक दिन उड़कर वे न जाने कहाँ चले गए। उनके जाने से मैं बहुत उदास हुआ परन्तु यह भांपकर आश्चर्यचकित था कि माँ-बाप चिड़ियों की दिनचर्या में कोई अंतर नहीं आया था। चिड़ियों के ऐसे व्यवहार ने मुझे उनके इस गूढ़ रहस्य पर सोचने को मजबूर कर दिया।

आखिर मैं इस निष्कर्ष पर पहुँचा कि जहाँ मनुष्य अपने बच्चों से भविष्य की उम्मीदें लगाते हैं वहीं पक्षी अपने बच्चों की निस्वार्थ भाव से सेवा करते हैं। अतः चिड़िया मनुष्य की तुलना में श्रेष्ठ प्रतीत होती हैं। मेरे मन में ऐसा विचार आते ही मेरा दिमाग अचानक पुष्पांजली पर केंद्रित हो गया। मैंने सोचा कि इन निरीह चिड़ियों से सबक लेकर अगर पुष्पांजली अपने मन से अपने पुत्र विनीत के प्रति तथा विनीत अपनी माँ के प्रति कुछ दिनों के लिए मोह-ममता का त्यागकर दें तो उनकी वंश बेल फिर से आबाद होने के आसार बन सकते हैं। वैसे भी वर्तमान परिवेश में परिवार केवल एक या दो बच्चों में ही सिमट कर रह गया है तथा

अधिकांश बच्चे अपने माता पिता को स्वदेश में अकेला छोड़कर विदेश सेवा में कार्यरत हो जाते हैं।

चिड़िया की जीवनी से सीख लेकर मुझे एक आशा की किरण दिखाई देने लगी थी कि मैं अपने चहेते विनीत के टूटने के कगार पर खड़े रिश्ते को फिर से बहाल करा सकता हूँ क्योंकि मैं जानता था कि एक आशा की किरण रहने पर भी निराशा पर विजय पाई जा सकती है। मैंने मन में निश्चय कर लिया कि पुष्पांजली तथा उसके पुत्र को अपने अपने तरीके से समझाने की कोशिश करुंगा कि उनके लिए अपना अहंकार तथा जिद छोड़कर गृहस्थी की उन्नति की राह पर चलना ही बेहतर होगा।

अपना मकसद कामयाब बनाने के लिए अग्रवाल ने पहले विनीत से उसकी मंशा जानने के लिए बुलाया और सीधा सवाल किया, "मैंने अभी तक पक्की तरह रजनी के बारे में आपकी राय नहीं पूछी है?"

विनीत आश्चर्य से, "ताऊ जी आपका क्या मतलब है?"

"यही कि जैसी आपके घरवालों की सलाह है कि रजनी से तुम्हारा तलाक...?"

"ताऊ जी यह मेरे घरवालों का विचार नहीं है यह तो रजनी की तरफ से आया है।"

अग्रवाल ने तपाक से पूछा, "तो क्या तुम तलाक नहीं चाहते?"

विनीत कुछ असमंजस की स्थिति से उभर कर बोला, "ताऊ जी उसने कारनामा ही ऐसा कर दिया है कि अब उसके साथ रिश्ता रखना जायज नहीं दिखता।"

"मैं मानता हूँ कि जो रजनी ने किया है वह सरासर हमारी संस्कृति के विरुद्ध है परन्तु क्या उसका ऐसा व्यवहार करने के पीछे आप भी कुछ दोषी नहीं हो?"

अपने ताऊ जी का अपने ऊपर इल्जाम सुनकर विनीत लगभग उछल पड़ा ओर पूछा, "वह कैसे ताऊ जी?"

इस पर अग्रवाल ने विनीत को याद दिलाने की कोशिश की, "याद करो वह लम्हा जब मैंने आपको बताया था कि तुम्हारी मम्मी जी ने रजनी को कभी अपनी बहू समझा ही नहीं। वह तो उसके साथ नौकरानी जैसा व्यवहार करती थी। गाली गलौच करना, ताने देना, यहाँ तक कि बिना कसूर के झापट रसीद करना उनकी आदत बन गई थी। आदमी कितना झुक सकता है, कितना सह सकता है, जब पानी सिर से गुजरने लगता है तो हाथ पैर मारने ही पड़ते हैं। वहीं रजनी ने किया और इसमें उसकी कोई गलती नहीं है।"

विनीत ने तड़पकर कहा, "अपनी सास को चांटा मारने को आप गलती नहीं मानते?"

"मानता था परन्तु अब नहीं क्योंकि ऐसे परिवेश में रजनी ने सही किया है।"

विनीत चिढ़कर, "कैसा परिवेश?"

"ज्यादा भोले मत बनो। शादी के बाद एक लड़की अपना घर छोड़कर अपनी ससुराल अपने पति पर भरोसा रखकर आती है कि वह उसकी अच्छी तरह देखभाल करेगा परन्तु आपने तो उसके दुख दर्द का ख्याल तो दूर उससे कभी पूछा भी नहीं।"

"ताऊ जी ऐसी बात नहीं है, मैं उससे पूछता तो था।"

"गलत, मैंने आपकी आँखों में हमेशा माँ की ममता, बहन का दुलार तथा पिता के भोलेपन का आवरण ही देखा है। कभी भी वह आभा महसूस नहीं कि जो एक पति के चेहरे पर अपनी पत्नी को देखकर आती है।"

विनीत अब थोड़ा खुला, "ताऊ जी मैं इन सबके सामने कैसे पूछता?"

"अकेले में तो पूछकर सहानुभूति जाहिर कर सकते थे? मुझे लगता है कि उन क्षणों में भी आप तो उसे बस शिक्षा ही देते रहे होंगे।"

शायद अग्रवाल की बात से विनीत कुछ सोचने लगा था कि हाँ ऐसा ही था। विनीत को विचारों में खोया देख अग्रवाल ने उसकी तंद्रा तोड़ी, "खैर जो भी अब तक हुआ उसे छोड़ो और बताओं इतना कुछ जानने के बाद आपके दिल में रजनी के प्रति कुछ सहानुभूति पैदा हुई है?"

विनीत को समझ नहीं आ रहा था कि वह अग्रवाल के प्रश्न का क्या उत्तर दे। अब असमंजसता के भंवर में गोते लगाता बोला, "ताऊ...जी... परन्तु....मेरी....मम्मी जी?"

"देखो विनीत मैं यह नहीं कहूँगा कि छोड़ो उनको परन्तु इतना जरूर कहूँगा कि अपनी गृहस्थी को बरकरार रखने का फर्ज भी तो आपका बनता है?"

विनीत दुविधा में बोला, "ताऊ जी मैं क्या करूँ?"

"विनीत आप तो वर्तमान के नौजवानों के ख्वाबों से भली भांति परिचित होंगे और उनके ख्वाबों को पूरा करने के लिए उनके माँ बाप भी अपनी तरफ से कोई कसर बाकी नहीं छोड़ते।"

"मैं समझा नहीं ताऊ जी कि आपके कहने का तात्पर्य क्या है?"

मैं तुम्हें समझाना चाहता हूँ कि जैसे एक पक्षी का बच्चा समर्थ होने पर अपने सगों की मोह ममता त्यागकर अपना अलग घर बसा लेता है उसी तरह कुछ दिनों के लिए तुम्हे भी वैसा ही अनुसरण करना पड़ेगा।"

"परन्तु ताऊ जी पक्षियों और मनुष्यों में फर्क होता है?"

"होता है, बिल्कुल होता है। परन्तु आप यह तो देखते ही होंगे कि अपने सपनों को साकार करने के लिए आजकल कितने नौजवान अपने माता--पिता के साथ रह रहे हैं?"

"परन्तु ताऊ जी उनकी बात और है वे विदेश में जाकर बस जाते हैं।"

"तो क्या थोड़े दिनों के लिए भी आप ऐसा नहीं दर्शा सकते कि आप भी अपनी उन्नति तथा घर की सुख शांति के लिए अलग रहने पर मजबूर हो?"

"थोड़े दिनों से आपका क्या मतलब है, ताऊ जी?"

अग्रवाल ने अपने मुख पर आत्म-विश्वास का दृड़ भाव लाकर कहा, "यही कि जहाँ आपकी पत्नी ने गृहस्थी की राह पकड़ी नहीं कि सभी के गिले शिकवे काफूर हो जाएँगे और एक मधुर मिलन हो जाएगा।"

"परन्तु ताऊ जी, मैं किसी हालत में अपने माता-पिता जी को त्याग नहीं सकता।"

"आपको उन्हें त्यागने के लिए कौन कह रहा है।"

"फिर?"

"मैं तो केवल रजनी को थोड़े दिनों के लिए उनसे अलग रखने की सलाह दे रहा हूँ। आपके ऊपर उनके यहाँ आने जाने पर कोई प्रतिबंध नहीं रहेगा।"

विनीत विचलित होकर बोला, "मेरी मम्मी जी इस पर राजी नहीं होंगी।"

"आप अपनी मम्मी की चिंता मत करो। उन्हें मनाना मेरा काम होगा। आप अपने विचार बताओ कि क्या तुम रजनी के प्रति सहानुभूति रखते हो या नहीं?"

अग्रवाल की बात सुनकर थोड़ी देर के लिए ऐसा महसूस हुआ जैसे विनीत की जबान उसके गले में ही अटक कर रह गई थी। वह किंकर्तव्य मूढ़ कुछ पल अपने ताऊ जी को निहारता रह गया। उसके ताऊ जी के बार-बार पूछने पर वह खुला, "ताऊ जी आप अगर समझते हैं कि ऐसा करना घर की सभी समस्याओं का निदान है तो मैं इसके लिए तैयार हूँ।"

विनीत का आश्वासन मिलने के बाद अग्रवाल ने सबसे पहले पुष्पांजली से बात करना उचित समझा क्योंकि वह जानता था कि राम सेवक और विजया तो उसके पिछलग्गू हैं। अगर पुष्पांजली मान गई तो वे दोनों अपने आप मान जाएँगे। एक दिन मौका देखकर अग्रवाल अपनी पत्नी के साथ पुष्पांजली के घर पहुँच गया।

पुष्पांजली के घर की साज सज्जा के साथ उसका खुद का अपना शारीरिक श्रृंगार पूरे निखार पर था परन्तु चेहरे पर मायूसी झलक रही थी। पता नहीं वह किस कारण थी। कुछ औपचारिकता निभाने के बाद शालिनी ने पूछा, "क्या बात है पुष्पांजली, कुछ उदास सी दिख रही हो?"

"जीजी आप तो जानती ही हो कि मेरी उदासी का कारण क्या है।"

"यह तो मैं जानती हूँ कि तुम्हारी चिंता का कारण रजनी है परन्तु हमेशा उसकी सोचकर घुलने से क्या हासिल होगा?"

पुष्पांजली आँखों में आँसू भरकर, "फिर मैं क्या करूँ जीजी?"

अपनी बात रखने का सही मौका पाकर अग्रवाल बोला, "आपको चिंता के कारण का निवारण ढूँढना चाहिए।"

अग्रवाल की बात से, जैसे बुझते दिये में तेल की एक बूँद फिर रोशनी भर देती है वैसी ही चमक पुष्पांजली के चेहरे पर झलकी। वह सोचने लगी कि अग्रवाल ने हर पग पर उसको सहायता तथा नेक मशवरा दिया था परन्तु उसने उनकी अवहेलना करके खुद ही अपने पैरों पर कुल्हाड़ी मार ली है। इतना होने के बावजूद वे जरूर हमारे घर में सुख

शांति लाने का मार्ग अवश्य सुझाएँगे। अतः पूछा, "भाई साहब आपके कहने का क्या तात्पर्य है?"

"यही कि चिंता तो एक मीठा जहर है जो चिता पर जाने का एक सहज मार्ग है जिसे कोई नहीं अपनाना चाहता।"

"जानती हूँ।"

"जानते हुए भी इसे क्यों अपने गले बांधा?"

"भाई साहब मुझे कोई शौक नहीं था वह तो रजनी...?"

पुष्पांजली को बीच में ही टोकते हुए, "मैं जानता हूँ कि आप अपनी इस चिंता का सारा श्रेय रजनी को ही देने वाली हैं।"

पुष्पांजली हैरानी से अग्रवाल की तरफ देखकर, "फिर किसे दूँ? यही सत्य है।"

अग्रवाल ने सीधा प्रश्न किया, "क्या आप इसकी भागीदार नहीं हैं?"

अग्रवाल की सुनकर पुष्पांजली अंदर तक तिलमिला गई। उसके भीतर की भावना उस के मुख मंडल पर तैर गई परन्तु अपने इस रोष की तीव्रता को वह अपनी जबान पर न ला पाई। आहिस्ता-आहिस्ता उसकी खींची हुई मांसपेशियों में तनाव कम हुआ और उसने संभलकर पूछा, "भाई साहब यह कैसा प्रश्न है?"

"वैसे तो यह एक सीधा सा सवाल है फिर भी बताना चाहता हूँ कि मेरे विचार से अपने इस चिंता के लिए आप खुद भी रजनी के बराबर की हिस्सेदार हैं।"

"भाई साहब वह कैसे?"

अग्रवाल ने पुष्पांजली को समझाने के लिए पूछा, "आपको यह तो ज्ञात होगा कि कानून की नजर में एक आत्म हत्या करने वाला व्यक्ति मुजरिम कहलाता है?"

"हाँ भाई साहब पता है।"

"फिर तो यह भी जानती होंगी कि मनुष्य को आत्म हत्या के लिए उकसाने वाला व्यक्ति भी उतना ही दोषी माना जाता है?"

"हाँ, परन्तु आप यह सब मेरे से क्यों पूछ रहे हैं?"

"यही तो मैं आपको समझाने की कोशिश कर रहा हूँ कि आपने अपना हक मानकर रजनी को गाली-गलौच, माँ-बाप के ताने, कामचोर तथा चांटे मारकर इतना मजबूर कर दिया कि वह और बर्दाशत न कर सकी और आपके साथ वही कर दिया जो आप उसके साथ करती आई थी।"

"भाई साहब मैं तो उसे सही रास्ते पर लाने का प्रयास कर रही थी।"

"यह प्रयास निर्मलता और अहिंसा से भी किया जा सकता था?"

पुष्पांजली ने अपना पक्ष रखा, "क्या आप सोचते हैं कि मैंने ऐसा नहीं किया होगा?"

"किया होगा परन्तु इसमें आपके अहम् ने हमेशा आपका साथ दिया होगा और मन का अहम् केवल अपनी बात ही सही मानता है।"

"भाई साहब आपका कहने का क्या मतलब है?"

"मैं यह तो नहीं कर सकता कि किस कारण परन्तु इतना जरूर रहा होगा कि ऐसा अनुचित व्यवहार करने के लिए आपके ओहदे ने आपको अवश्य उकसाया होगा।"

अग्रवाल की बात सुनकर पुष्पांजली चुप हो गई। शायद वह सोचने लगी थी कि वास्तव में ही अग्रवाल की बात सही थी। जैसे लोहे को ढालने के लिए सही समय पर चोट की जाती है ऐसा ही समझ अग्रवाल ने कहा, "देखो पुष्पांजली गलती तो दोनों तरफ से हुई है और उसकी सूत्रधार आप हो।"

पुष्पांजली टुकुर टुकुर अग्रवाल की तरफ देखने लगी। अभी तक वह अपने व्यवहार को सही समझ रही थी परन्तु आज पासा पलटता नजर आ रहा था। उसकी गर्दन झुक गई तथा ऐसा महसूस हुआ जैसे वह जमीन में धंसती जा रही है। उसे निश्चल बैठे देख अग्रवाल ने सलाह दी, "अगर आप चाहो तो अभी भी स्थिति को संभाला जा सकता है।"

अग्रवाल की बात सुनकर कुछ देर के लिए सूखते पेड़ों पर वर्षा का पानी पड़ने के बाद जैसी बहार पुष्पांजली के चेहरे पर दिखाई दी। फिर उत्सुकतावश उसने पूछा, "वह कैसे भाई साहब, मैं तो अब किसी कीमत पर उसे अपने साथ रखूँगी नहीं?"

अग्रवाल ने तपाक से कहा, "बिल्कुल यह अनहोनी तभी होनी संभव होगी जब रजनी फिलहाल आपसे अलग रहेगी।"

पुष्पांजली ने तमककर पूछा, "फिलहाल से आपका मतलब क्या है?"

अग्रवाल ने फिलहाल, फिलहाल का मतलब न बताकर कहा, "पुष्पांजली, समय बड़ा बलवान होता है, भविष्य कौन जानता है। दोस्त दुश्मन बन जाते हैं और जिसे आप दुश्मन समझते हैं समय पर जान लेने की बजाय जान बचा देता है।"

अग्रवाल की बात का मतलब समझ पुष्पांजली ने बेबाक शब्दों में कहा, "भाई साहब चाहे मेरी जान ही क्यों न चली जाए मैं अब अपने दुश्मन को दोस्त कभी नहीं बनाऊँगी।"

"मैंने ऐसा करने को कब कहा है?"

पुष्पांजली ने थोड़ी देर के लिए असमंजसता की स्थिति में रहकर पूछा, "भाई साहब वैसे आपकी मंशा क्या है?"

"मेरी मंशा है कि सांप भी मर जाए और लाठी भी न टूटे।"

"आपका मतलब मेरी समझ से बाहर है।"

"मेरा तात्पर्य है कि तलाक की बजाय विनीत की गृहस्थी बस जाए।"

"भाई साहब यह कैसे संभव है?"

"आपका असंभव संभव हो सकता है अगर आप दोनों से हुई गलतियों का प्रायश्चित दोनों अपने अपने तरीके से करने को तैयार हो जाएँ?"

पुष्पांजली आश्चर्य से, "वह कैसे?"

"पुष्पांजली आपको यह त्याग करना पड़ेगा कि आप रजनी और विनीत को अपने से अलग रहने पर सहमत हों।"

पहले तो अग्रवाल का सुझाव सुनकर पुष्पांजली विचलित सी दिखाई दी फिर साहस करके पूछा, "क्या इसके लिए विनीत मान जाएगा?"

पुष्पांजली को समझाते हुए अग्रवाल ने कहा, "हालाँकि विनीत तो आपके लिए हमेशा बच्चा ही रहेगा परन्तु यह भी सत्य है कि वह बड़ा हो गया है, वह भी अपनी गृहस्थी संभालने में समर्थ है।"

फिर अग्रवाल ने चिड़िया के बारे में अपने विचार पुष्पांजली को सुनाते हुए कहा, "एक चिड़िया की तरह आप का कुछ दिनों के लिए अपनी मोह ममता का त्याग करना ही आपका प्रायश्चित तथा परिवार के लिए हितकर होगा।"

पुष्पांजली मायूस होकर तथा आँखों में आँसू लाकर बोली, "भाई साहब आप ये कैसी बातें कर रहे हो। मैं विनीत को देखे बिना कैसे जीवित रह पाऊँगी?"

पुष्पांजली के ऐसे विचारों ने इतना तो जता दिया था कि वह अपने पुत्र के गृहस्थ जीवन को सुखमय तो देखना चाहती थी परन्तु रजनी को देखना पसंद नहीं करती थी। यही सोच, अग्रवाल ने उसे भरोसा दिलाया, "विनीत को आपके पास आने की कोई पाबंदी नहीं होगी और मैं यह सुनिश्चित करूँगा कि विनीत अलग रहते हुए भी आपसे मिलने रोज जरूर जाएगा।" अग्रवाल के कथन ने पुष्पांजली के मन को बहुत सांत्वना दी।

उसने थोड़ी देर सोचा और ऐसा महसूस हुआ जैसे उसने अपने दिल पर पत्थर रखकर कहा हो, "भाई साहब मुझे कोई एतराज नहीं है अगर विनीत इस बात पर राजी हो जाता है।"

राम सेवक तो पत्नी भक्त था ही अत: अग्रवाल को उसकी हामी की कोई चिंता नहीं थी। अब उसे रजनी तथा उसके घरवालों का विचार जानना था। इसके लिए अग्रवाल ने विनीत से रजनी का फेसबुक कोड लेकर उसके पिता जी को संदेश भेजा, "नमस्कार, मुझे तो आप जानते ही हैं। मुझे विनीत और रजनी के गृहस्थ जीवन के अवरोध का पता चला। तलाक तो आखिरी समाधान होता है। अगर आपको मुझ पर विश्वास है तो क्या मैं रजनी से इस बारे में कुछ बात करके उनके मधुर मिलन का साक्षी बनने की कोशिश कर सकता हूँ?"

रजनी ने अपने पिता से सलाह मशवरा करके अपने विचार प्रकट किए, "ताऊ जी चरण वन्दना। मैंने आपको वहाँ रहते हुए भी बताया था कि उस घर में मेरे साथ कैसा व्यवहार किया जाता है इसलिए अब मैं उस घर में वापिस नहीं आऊँगी।"

"रजनी मैं आपको उस घर में आने की कतई नहीं कहूँगा परन्तु आप अपने पति के घर में तो आने को राजी हो?"

रजनी अग्रवाल के समाधान से नावाकिफ, "क्या मतलब, ताऊ जी?"

"मतलब यह कि आप और विनीत उस घर से दूर अपनी गृहस्थी अलग बसाओगे।"

रजनी के घर वालों ने दो तीन दिनों का समय मांगकर जवाब दिया, "आपके भरोसे पर हम अपना केस वापिस ले रहे हैं। आप विनीत को रजनी को लिवा ले जाने के लिए कभी भी भेज सकते हैं।"

रजनी के घरवालों का जवाब पाकर अग्रवाल को बहुत सकून मिला। उसने आनन् फानन में विनीत के लिए एक मकान किराए पर लिवा दिया।

उसमें चूल्हें चौके का हर सामान रखवा दिया। विनीत रजनी को लिवा लाया। उनकी गृहस्थी का नया सत्र शुरू हो गया। अभी विनीत के घर में खाने पीने के राशन के अलावा सुख सुविधा का कोई सामान नहीं था। मसलन सोने के लिए पलंग न होकर कमरे के एक कोने में जमीन पर ही एक गद्दा बिछा था, ए.सी. की तो बात दूर कूलर भी नहीं था, ठंडे पानी के लिए फ्रिज न होकर मिट्टी के घड़े का सहारा था, टी.वी. की पूर्ति मोबाईल फोन से हो रही थी इत्यादि। अभी विनीत कर भी क्या सकता था। उसके पिता रिटायर हो चुके थे तथा उनको पेंशन न के बराबर मिलती थी, माँ बीमार रहती थी तथा उसकी बीमारी पर काफी खर्चा झेलना पड़ता था, छोटी बहन शादी के लिए तैयार बैठी थी, मकान बनवाने के लिए कर्ज की किस्त का भुगतान और अब दो जगह की गृहस्थी चलाने के बाद भविष्य के लिए वह कुछ बचा नहीं पाता था। ऐसी स्थिति में वह अपने नए घर में सुख सुविधा के सामान के बारे में सोच भी नहीं सकता था।

दिन गुजरने लगे। विनीत हर रोज दिन में जब भी समय मिलता अपने माता-पिता से मिल जाता था। जब भी विनीत अपनी माँ के पास जाता था तो उनके चेहरे पर एक सकून के साथ विषाद की रेखाएँ साफ नजर आती थी परन्तु दोनों उसे चुपचाप सहन कर जाते थे। एक दिन गर्मियों के मौसम में जब विनीत अपनी माँ से मिलने गया तो उसके चेहरे पर पसीने की बूँदे देखकर पुष्पांजली ने कूलर चलाने को हाथ बढ़ाया। इस पर विनीत के मुँह से निकला, "मम्मी जी इसकी जरूरत नहीं है मुझे पानी दे दो।"

और जब पानी के लिए पुष्पांजली ने फ्रिज की तरफ हाथ बढ़ाया तो विनीत ने टोका, "मम्मी जी अब इसकी आदत नहीं रही मुझे ताजा पानी ही दे दो।"

विनीत के शब्द सुनकर पुष्पांजली का मन रो उठा। उसे अपने व्यवहार पर ग्लानि महसूस होने लगी कि उसके अपने अहम् के कारण

उसके श्रवण जैसे बेटे को कितने कष्ट उठाने पड़ रहे हैं। परन्तु थोड़ी देर में ही त्रिया चरित्र का अहम् अपनी भावनाओं पर हावी हो जाता और फिर पुराने ढर्रे के साथ खिसकने लगता।

कभी कभी विनीत रजनी को साथ लेकर अग्रवाल के यहाँ हो आया करता था। इसी तरह पाँच छह महीने गुजर गए। एक दिन विनीत ने अपने ताऊ जी से पूछा, "ताऊ जी अब और यह कितने दिन सहना पड़ेगा?"

अग्रवाल ने विनीत के मन की व्यथा भांपकर उल्टा प्रश्न किया, "क्या आपने तैयारी कर ली?"

अपने ताऊ जी का आशय समझ विनीत के चेहरे पर एक शर्मीली मुस्कान बिखर गई और उसने अपनी ताई जी की तरफ ऐसे देखा जैसे कह रहा हो, "ताई जी आप ही बता दो कि मेरी ओर से ताऊ जी के मन की माफिक तैयारी कर ली गई है।"

उन दोनों की भाव भंगिमा देखकर अग्रवाल ने जब अपनी पत्नी की तरफ प्रश्नवाचक दृष्टि से देखा तो उन्होंने सकारात्मक भाव से सिर हिला दिया।

अग्रवाल रोमांचित हो गया और खुशी में जोर से बोला, "अरे यह भी कोई चुपचाप या इशारों में बताने की बात है अपना मुँह खोलो और ढंग से बताओ।"

शालिनी ने हँसते हुए बताया, "हाँ जी हमारी रजनी उम्मीद से है।"

अग्रवाल मूढ़ में था अतः पूछा, "बस इतना ही या कुछ और?"

शालिनी असमंजस से, "और क्या?"

अग्रवाल ठुमक कर तथा हाथ नचाकर, "यही कि हमारा विनीत बाप बनने वाला है" और दोनों ठहाका लगाकर हँस पड़े। इसमें विनीत ने भी साथ दिया और रजनी भी मुस्कराए बिना न रह सकी।

अग्रवाल ने अपने प्लान की दूसरी सीढ़ी पार कर ली थी। अब यह सूचना पुष्पांजली तक पहुंचानी थी। उसने इसके लिए अपने घर सत्यनारायण भगवान की पूजा का आयोजन किया। जिसके लिए अपने पड़ोसियों के साथ पुष्पांजली और विनीत को भी निमंत्रण दिया। विनीत को ताकीद कर दी कि वह रजनी को साथ लेकर पूजा शुरू होने के थोड़ी देर बाद पहुँचे। रजनी को आते देख पुष्पांजली कुछ विचलित दिखाई दी। वह सचेत होकर बैठ गई और ऐसे दिखाने लगी जैसे उसने कुछ देखा ही नहीं। पूजा समाप्त होने के बाद जब शालिनी ने जब पंडित जी से अनुरोध किया कि वह रजनी को पुत्रवती होने का आर्शीवाद दें तो पुष्पांजली के कान खड़े हो गए। आर्शीवाद देने के बाद पंडित जी ने जब रजनी को वहाँ बैठी औरतों के पैर छूकर उनका भी आशीर्वाद लेने की सलाह दी तो पुष्पांजली के शरीर में भारी हलचल होने लगी। वह पूजा से उठकर जाने लगी तो शालिनी ने धीरे से कहा, "रजनी को न सही अपने खून व वंश बेल के भागीदार को तो आशीर्वाद देने का तुम्हारा हक बनता है।"

कहते हैं मूल से ज्यादा प्यारा ब्याज होता है। जब से पुष्पांजली को यह भनक लगी थी कि उसकी पुत्रवधू गर्भवती है उनकी निगाह रजनी के पेट पर ही टिकी थी जैसे उसकी कोख मे कोई खजाना भरा है तथा अगर उसकी निगाह वहाँ से हटी तो उसे कोई चुरा न ले जाए। पुष्पांजली के चेहरे के भावों से स्पष्ट आभास हो रहा था कि पुष्पांजली का रोम-रोम पुलकित हो रहा है। उसने शायद मन ही मन आर्शीवाद देकर अपने ब्याज को अपना भी लिया हो परन्तु मन-मन भाऊँ मूढ हिलाऊँ को चरितार्थ करते हुए उसने शालिनी के कहने से, जब रजनी अपनी सास के चरण स्पर्श करने को झुकी तो लोक दिखावे के लिए मरे हाथों से उसे आशीर्वाद देने का दिखावा कर दिया।

पुष्पांजली की मन:स्थिति को भांपकर अग्रवाल ने अंदाजा लगा लिया था कि आज से वह अपने परिवार में आने वाले नवजात की सेहत को

सुधारने के लिए हर संभव कोशिश करेगी। परन्तु रजनी और उसके बीच सीधा सम्बन्ध न होने के कारण यह ठीक से मुमकिन नहीं हो पाएगा। अग्रवाल ने उन दोनों के बीच पड़ी दरार को पाटने के लिए राम सेवक का सहारा लेना ठीक समझा। उसने उसे अच्छी तरह समझा दिया कि उसे क्या करना है।

उस दिन के बाद पुष्पांजली रोज विनीत का बेसब्री से इंतजार करने लगी। वह विनीत के लिए कुछ न कुछ नया तथा स्वादिष्ट व्यंजन बनाकर तैयार रखने लगी। आते ही वह उसे परोस देती और खाने को बाध्य करती। विनीत के मना करने पर भी वह उसकी थाली में और डाल देती। राम सेवक मुस्कराता हुआ पुष्पांजली के बदलते आचरण को निहारता रहता। आखिर विनीत जब वह नहीं खा पाता तो अग्रवाल के सिखाए अनुसार वह विनीत को सलाह देता, "बेटा इसे अपने साथ ले जाओ घर पर जाकर भूख लगे तो बाद में खा लेना।"

पुष्पांजली भी राम सेवक के सुझाव से कोई आपत्ति न करती बल्कि उसके चेहरे पर संतुष्टि के भाव उभर आते थे कि उसकी मन की मुराद पूरी करने में उसका पति उसका साथी बन गया था। अपने घर के चिराग के आगमन की लगन ने उसे इतना प्रभावित किया कि वह अपने स्वास्थ्य की सुधबुध भूल गई और समय पर दवाई न लेने के कारण बीमार हो गई।

मूर्छित अवस्था में पुष्पांजली को अस्पताल में भर्ती कराना पड़ा। विनीत और विजया नौकरीपेशा होने के कारण अस्पताल में अधिक समय नहीं दे पाते थे। राम सेवक अकेला कैसे संभाल सकता था। इसलिए रजनी को हाथ बंटाना पड़ा। रजनी सुबह खाना बनाकर ले जाती, अपनी बेबसी को दरकिनार कर, बेखबर बिस्तर पर लेटी अपनी सास की दोपहर तक सेवा करती तथा भगवान से उनकी मंगल कामना की प्रार्थना करती रहती। धीरे-धीरे पुष्पांजली के स्वास्थ्य में सुधार होने लगा। परन्तु जब से

पुष्पांजली ने आँखें खोली थी उसने एक बार भी रजनी को अपने आस पास नहीं देखा था। प्रत्येक दिन उसके लिए घर का ताजा बना खाना आ रहा था। वह सुबह से शाम तक शून्य में टकटकी लगाए सोचती रहती थी। एक दिन शाम के धुंधलके में उसने खिड़की से एक साए को गुजरते देखा। उसने अपने दिमाग पर जोर देकर सोचा तो उसे वह परछाई रजनी जैसी दिखाई दी। पुष्पांजली ने फटाफट नर्स को बुलाया और पूछा, "वह कौन थी जो अभी अभी उस खिड़की के पास से गुजरी थी?"

"वह आपकी सेविका थी।"

नर्स की बात सुनकर पुष्पांजली अचम्भित थी, "मेरी सेविका।"

"हाँ मैडम जब आप होश में नहीं थी तो दिन में आपकी सेवा करने के लिए उन्होंने एक सेविका रखी थी।"

"तो क्या जो अभी खाना देकर गई थी वह वही सेविका थी?"

"हाँ मैडम।"

"तो वह अंदर क्यों नहीं आई?"

"पता नहीं मैडम जब से आपको होश आया है तब से वह केवल खाना देने ही आती है और बाहर से पकड़ा कर चली जाती है।"

"ऐसा क्यों?"

नर्स इसका कोई कारण नहीं बता पाई। उसने केवल इतना बताया कि वह सेविका गर्भवती होने के कारण खुद बेबस थी फिर भी उसने जी जान से आपकी सेवा की है। यह कहना उचित होगा कि उसकी निश्छल सेवा के कारण ही आज आप स्वस्थ हो पाई हैं।

नर्स की बात सुन पुष्पांजली का मन उसके प्रति अपने व्यवहार को सोचकर ग्लानि से भर गया। फिर भी अपने अपमान तथा अहम् का दंश

भुलाना उसे भारी पड़ रहा था। वह मन ही मन बुदबुदाई, "रजनी तुम हमारे वंश बेल की जन्मदात्री बनोगी जिसके लिए मैं सदैव तुम्हारी आभारी रहूँगी परन्तु तुमने मेरे दिल पर जो जख्म दिया है मैं उसे भी कभी भुला नहीं पाऊँगी।" और व्यथा से उसकी आँखें भर आई।

स्वस्थ होने के बाद घर में प्रवेश करते ही पुष्पांजली ने रामसेवक से प्रश्न किया, "अस्पताल में आपने अकेले मेरी देखभाल कैसे की होगी?"

"मैं अकेला थोड़े ही था घर के सभी सदस्यों ने आपका पूरा ख्याल रखा था।"

"परन्तु विनीत और विजया तो अपनी नौकरी पर जाते होंगे?"

राम सेवक आँख चुराकर, "हाँ।"

"तो फिर खाना वगैरह, कपड़े धोना और सारा दिन अस्पताल में मेरी सेवा सेवाश्रु करना, कैसे कर पाते थे?"

"आप यह सब क्यों पूछ रही हो? ऐसे समय में कुछ तो तकलीफ उठानी ही पड़ती है।"

पुष्पांजली ने टोंट मारने के लहजे में तथा सिर हिलाकर रामसेवक के चेहरे पर नजरें गड़ाकर कहा, "हाँ यह तो बात है परन्तु कई बार आस पड़ोस वालों की सहायता की भी जरूरत पड़ जाती है।"

"आपने बिल्कुल ठीक कहा और फिर समाज होता किस लिए है?"

"तो आपने समाज के किस व्यक्ति का एहसान मोल लिया?"

इतने में अग्रवाल ने घर में प्रवेश करते हुए पूछ लिया, "राम सेवक जी घर में सब कुछ तो है अब पुष्पांजली किस वस्तु के मोल भाव की बात कर रही हैं?"

अग्रवाल को आया देखकर राम सेवक को बहुत सांत्वना मिली। वह बोला, "पुष्पांजली पूछ रही थी कि अस्पताल में उसकी देखभाल के लिए किस किस का एहसान मोल ले लिया।"

अग्रवाल को पुष्पांजली की सोच पर बहुत तरस आया और फिर अपने में संयम रखकर बोला, "पुष्पांजली, अपनों द्वारा की गई सेवा एहसान मोल लेना नहीं मानी जाती।"

पुष्पांजली ने दुखी होकर कहा, "परन्तु भाई साहब, मैं जिसका मुँह भी देखना पसंद नहीं करती उससे ही मेरी सेवा कराने का क्या औचित्य था?"

अग्रवाल ने बड़ी निर्मलता से समझाया, "देखो पुष्पांजली आप तो अपने घर की आर्थिक स्थिति से भली भाँति वाकिफ हो। आपकी देखभाल के लिए अलग से नर्स लगाने का मतलब था लगभग तीन हजार रुपये। और ये बहुत मायने रखते और वह घर के दूसरे काम भी नहीं करती। रही बात तुम्हारे उसका मुँह न देखने की तो रजनी ने यह नौबत ही नहीं आने दी।"

पुष्पांजली रोकर बोली, "परन्तु भाई साहब रजनी ने जो मुझे दर्द दिया है उसकी वजह से उससे मैं कोई रिश्ता नहीं रखना चाहती।"

"पुष्पांजली आप उससे रिश्ता रखो या न रखो परन्तु फिर भी वह आपके पौत्र की माँ तो कहलाएगी ही।"

पुष्पांजली गुस्से में हाथ मटकाकर, "मुझे इससे कोई सरोकार नहीं है।"

"कैसी बात करती हो पुष्पांजली आप सत्य को कैसे झुठला सकती हो?"

पुष्पांजली झुंझला कर, "भाई साहब मैं उसके साथ नहीं रह सकती। उसने मेरे आत्म सम्मान को बहुत बड़ी ठेस पहुँचाई है।"

अग्रवाल को उसके कहने से उसे घेरने का मौका मिल गया और चोट की, "पुष्पांजली आपके साथ यह तो सौ सुनार की एक लोहार की कहावत चरितार्थ हुई थी।"

पुष्पांजली ने अग्रवाल की बात का आशय समझकर कंपकपाती आवाज में पूछा, "मतलब?"

"मतलब यह कि आपने तो उसके आत्म सम्मान पर कई बार वार किया परन्तु आपके मुताबिक उसने एक बार में ही अपने आत्म सम्मान की सारी चोटों का बदला ले लिया।"

पुष्पांजली निरूत्तर चुप बैठी रह गई।

अग्रवाल ने कहना जारी रखा, "पुष्पांजली, अक्सर मनुष्य विवेकहीनता और पशु प्रवृत्ति की स्थिति में अपराध कर बैठता है परन्तु जब उसकी आत्मा और विवेक दोबारा प्रबल होकर अपराध की विवेचना करते हैं तो मनुष्य अपराध बोध से भर जाता है। परन्तु एक अहंकारी अपनी करनी का मंथन करके अपराध बोध तो दूर अपने को सही मानकर वह बार-बार अपनी गलती दोहराता रहता है। यही आपने किया है। पुष्पांजली को बुत की तरह बैठे देख शालिनी बोली, "देखो पुष्पांजली अग्रवाल जी बिल्कुल ठीक कह रहे हैं। हालाँकि हमारी संस्कृति बहू का ऐसा व्यवहार बिल्कुल बर्दाश्त नहीं करती परन्तु वर्तमान के प्रचलन और परिवेश में बड़ों का आप जैसा व्यवहार भी तो कबूल नहीं है। इसलिए आप दोनों बराबर की कसूरवार हो। मेरे विचार से अब दोनों अपना अपना प्रायश्चित समझकर सदभावना की राह पर आ जाओ।"

पुष्पांजली के चेहरे के भाव बता रहे थे कि वह इस निर्णय से खुश नहीं थी। इसलिए अग्रवाल को फिर बोलना पड़ा, "पुष्पांजली स्थिति को समझो। विनीत बेकार में हर महीने छः हजार रुपये किराया दे रहा है जबकि आपके मकान की एक मंजिल खाली पड़ी है। उसकी मजबूरी है

कि उसको हमेशा दो नावों में सवार रहना पड़ता है। रजनी की हालत ऐसी है कि कभी भी रकम की जरूरत पड़ सकती है। आप की सेहत भी ठीक नहीं रहती।"

अबकी बार पुष्पांजली ने मुँह खोला और धीरे से कहा, "परन्तु भाई साहब, किसी हालत में भी मैं उसके साथ नहीं रह सकती।"

अग्रवाल उसकी बोलने की नरमाई से समझ गया कि वह उसके निर्णय पर मान जाएगी अतः कहा, "साथ रहने को कौन कह रहा है?"

"फिर?"

अग्रवाल ने अपना सुझाव दिया, "रजनी को विनीत के साथ मकान के एक मंजिल पर रहने दो?"

पुष्पांजली ने बुरा सा मुँह बनाकर जैसे उसका जायका बिगड़ गया था, "भाई साहब यह कैसे मुमकिन है?"

हालाँकि पुष्पांजली के हावभाव से अग्रवाल ने अंदाजा लगा लिया था कि अपने आने वाले वंशज को अपनी देखरेख में ही इस संसार में पर्दापण होते देखने की इच्छुक थी फिर भी अपने अहम् के चलते वह अपने मन की कमजोरी जाहिर करना नहीं चाहती थी। यही सोचकर कि पुष्पांजली की बात भी रह जाए और विनीत घर में भी आ जाए अग्रवाल ने राम सेवक से पूछा, "क्यों भाई साहब मेरा सुझाव उचित है या नहीं?"

अचानक उस पर आई जिम्मेदारी से राम सेवक ने पुष्पांजली की तरफ देखा और जब उसने पाया कि वह नीची गर्दन करके बैठी है तो उसकी सहमति समझ कहा, "भाई साहब आप तो हमेशा से ही हमें नेक सलाह देते आए हैं। जिस जगह हम आज बैठे हैं यह सब आपकी कृपा के कारण ही हमें नसीब हुआ है। आपके अथक प्रयासों से ही विनीत गृहस्थी की राह पकड़ पाया है। आप मेरे से क्या पूछते हो। जैसा आपको मुनासिब लगे हमें मंजूर होगा।

पुष्पांजली का बीच में न बोलना उसकी पक्की सहमती दर्शा गई। अत: विनीत का रजनी के साथ उस घर में आना तय हो गया। थोड़े दिन तक दिखावे की घृणा को, रजनी की कोख में पल बढ़ रहे वंशज ने अपने साथ, कुछ हद तक धीरे-धीरे सदभावना में परिवर्तित कर दिया। नवजात अनमोल की वजह से रजनी और पुष्पांजली अपने बीच बनी अहम् की दीवार को गिराकर उसके पालन पोषण में ही लगी रहती हैं। आपसी मधुर मिलन से अब पुष्पांजली का एक सम्मिलित सुखी परिवार है।

चरण सिंह गुप्ता

मेरा जन्म 02 मार्च 1946 को नारायणा गाँव में हुआ था। मेरी प्रारम्भिक शिक्षा, पाँचवी तक, गाँव के ही सरकारी मिडिल स्कूल में हुई। इसके बाद इंडियन एग्रीक्ल्चर रिसर्च इंस्टीच्युट पूसा के स्कूल से हायर सैकेंडरी करके, सन् 1963 में, मैं भारतीय वायु सेना में भर्ती हो गया। वायु सेना की सोलह साल की नौकरी के दौरान मैंने जोधपुर विश्व विद्यालय से स्नातकोत्तर की डिग्री हासिल की तथा वायु सेना से डिप्लोमा इन इलैक्ट्रोनिक्स का हकदार भी बना। मार्च 1980 में भारतीय वायु सेना की नौकरी छोड़कर मैंने भारतीय स्टेट बैंक में नौकरी कर ली। बैंक की नौकरी में रहते हुए सन् 2000 में जब वहाँ हिन्दी प्रतियोगिता हुई तो मेरे द्वारा लिखित कहानी की प्रविष्ठी को प्रथम स्थान प्राप्त हुआ। यहीं मेरे अन्दर कहानियाँ लिखने की जागृति पैदा हुई तथा फिर लगातार छ: वर्षो तक, जब सन् 20006 में मैं बैंक से रिटायर हो गया, मेरी कहानियों की प्रविष्ठियों को हिन्दी दिवस प्रतियोगिताओं में प्रथम पुरस्कार ही मिलता रहा।

मैंने अधिकतर उन्हीं विषयों पर कहानियाँ लिखी हैं जो घटनाएँ, जाने अनजाने में, मन को छू गई हैं तथा जिन्होंने मुझे कुछ सोचने पर मजबूर कर दिया है। आशा है आपको यह उपन्यास "अहंकार" मेरे अन्य उपन्यास आत्म-तृप्ति तथा ठूँठ जैसा रोचक एवं पठनीय लगेगा।

धन्यवाद।

सम्पर्क:
डब्लू.जैड.-653, नारायणा गाँव
नई देहली-1100028
फोन: 9313984463

Email:csgupta1946@gmail.com

सृजन

मनुष्य के मन में अहंकार अर्थात् दंभ उत्पन्न होने के विभिन्न कारण हो सकते हैं। कारण कोई भी हो अहंकार से हठधर्मिता और अदूरदर्शिता पनपती है और अंत में यही मनुष्य को विनाश के पथ पर अग्रसर कर देती हैं। अहंकार वश मनुष्य में अपने को हमेशा सही मानने की इच्छा इतनी बलवती हो जाती है कि वह अपने किसी भी सगे संबंधी, रिश्तेदार या खैर ख्वाह की कोई भी नेक सलाह पर विचार करने में भी अपनी भलाई नहीं समझता ओर अंधे की तरह गर्त के गड्ढे की और बढ़ता रहा है। आखिरी मुहाने पर पहुँचकर जब उसे अपने पैरों के नीचे जमीन महसूस नहीं होती तो वह सब कुछ खोया पाककर पश्चाताप करने लगता है। ऐसा ही उपन्यास के मुख्य पात्र के साथ हुआ। उसके अहंकार ने धन और वैभव खोने के बाद उसे अपना वंश खोने की कगार पर लाकर खड़ा कर दिया था।